本书为中国社会科学院民族学与人类学研究所创新工程

重大项目 A 类课题（项目编号：2019MZSCX002）

王延中 刘 泓 主编

"一带一路"沿线国家民族问题调查研究

中国社会科学出版社

图书在版编目(CIP)数据

"一带一路"沿线国家民族问题调查研究／王延中，刘泓主编．—北京：中国社会科学出版社，2022.8

ISBN 978 - 7 - 5203 - 9913 - 5

Ⅰ.①—… Ⅱ.①王…②刘… Ⅲ.①民族问题—调查研究—世界 Ⅳ.①D562

中国版本图书馆 CIP 数据核字(2022)第 047391 号

出 版 人	赵剑英
责任编辑	安　芳
责任校对	张爱华
责任印制	李寡寡

出　　版	中国社会科学出版社
社　　址	北京鼓楼西大街甲 158 号
邮　　编	100720
网　　址	http://www.csspw.cn
发 行 部	010 - 84083685
门 市 部	010 - 84029450
经　　销	新华书店及其他书店

印　　刷	北京明恒达印务有限公司
装　　订	廊坊市广阳区广增装订厂
版　　次	2022 年 8 月第 1 版
印　　次	2022 年 8 月第 1 次印刷

开　　本	710 × 1000　1/16
印　　张	12
字　　数	192 千字
定　　价	68.00 元

目　　录

亚洲国家

欧洲国家

亚洲国家

印度对"一带一路"倡议态度的考察与分析

　　2019 年 4 月 25—27 日，第二届"一带一路"国际合作高峰论坛在北京顺利举行，来自 150 多个国家和 90 多个国际组织近 5000 名外宾出席本届高峰论坛。据统计，首届高峰论坛以来及第二届高峰论坛期间，各国政府、地方、企业等达成了一系列合作共识、重要举措及务实成果，其中具有代表性的成果可分为 6 大类 283 项，包括中方推出的举措或发起的合作倡议、在高峰论坛前夕或期间签署的多双边合作文件、在高峰论坛框架下建立的多边合作平台、投资类项目及项目清单、融资类项目、中外地方政府和企业开展的合作项目等。① 正如习近平主席在本届高峰论坛开幕式上发表的主旨演讲中所说，从亚欧大陆到非洲、美洲、大洋洲，共建"一带一路"为世界经济增长开辟了新空间，为国际贸易和投资搭建了新平台，为完善全球经济治理拓展了新实践，为增进各国民生福祉作出了新贡献，成为共同的机遇之路、繁荣之路。②

　　印度是中国的重要邻邦，是南亚地区的重要国家，对于"一带一路"倡议能否顺利在南亚地区落地生根有着至关重要的意义。作为

---

　　① 《第二届"一带一路"国际合作高峰论坛成果清单》，第二届"一带一路"国际合作高峰论坛官方网站，2019 年 4 月 27 日，http：//www.beltandroadforum.org/n100/2019/0427/c24 – 1310.html。

　　② 《习近平出席第二届"一带一路"国际合作高峰论坛开幕式并发表主旨演讲》，第二届"一带一路"国际合作高峰论坛官网，2019 年 4 月 26 日，http：//www.beltandroadforum.org/n100/2019/0426/c26 – 1260.html。

"一带一路"所辐射的地区大国之一,印度政府对"一带一路"的态度经历了发展变化的过程。"一带一路"倡议提出后,在印度社会引起极大反响,新当选的莫迪政府比较谨慎,没有进行表态,直至2016年,印度才公开表示拒绝参与"一带一路",理由是中巴经济走廊作为"一带一路"的旗舰项目,穿越印度主张的克什米尔地区,侵犯了印度的主权,印度无法在这种情况下参与"一带一路"。① 五年来,共建"一带一路"倡议以政策沟通、设施联通、贸易畅通、资金融通和民心相通为主要内容扎实推进,取得明显成效,一批具有标志性的早期成果开始显现,参与各国得到了实实在在的好处,对共建"一带一路"的认同感和参与度不断增强。② 共建"一带一路"倡议及其核心理念被纳入联合国、二十国集团、亚太经合组织、上合组织等重要国际机制成果文件。随着加入"一带一路"倡议的国家和组织不断增多,印度成为少数游离于"一带一路"之外且仍然保持疑虑与警惕的国家之一。

南亚地区在地缘政治、宗教关系和文化多样性等方面存在许多挑战,在经济发展方面同样存在巨大的潜在机遇。因此,"一带一路"倡议提出后,特别是2017年首届"一带一路"国际合作高峰论坛以来,印度对于"一带一路"倡议的态度受到了中国学界的高度关注,并试图从历史与现实背景中寻找原因。有的学者认为,印度社会对"一带一路"的看法一开始就存在较大分歧。一方面,有不少分析认为,"一带一路"将给印度经济发展带来重大机遇,印度需要把握良机;另一方面,也有分析认为,"一带一路"是中国重塑亚太格局的大战略,将导致中国更大程度地进入印度的南亚"后院",给印度带来长远的战略忧患。③ 有的学者对相关媒体报道进行了统计,指出2017年《今日印度》涉及"一带一路"的报道共计339篇,其中积

---

① 叶海林:《莫迪政府对华"问题外交"策略研究——兼论该视角下印度对"一带一路"倡议的态度》,《当代亚太》2017年第6期。

② 推进"一带一路"建设工作领导小组办公室:《共建"一带一路"倡议:进展、贡献与展望》(2019年4月22日),中国一带一路网,2019年4月22日,https://www.yidaiyilu.gov.cn/zchj/qwfb/86697.htm。

③ 林民旺:《印度对"一带一路"的认知及中国的政策选择》,《世界经济与政治》2015年第5期。

极报道 80 篇,占 24%;中立报道 119 篇,占 35%;消极报道 140 篇,占 41%。① 有的学者指出,印度大量的文章、评论、社论等都认为,"一带一路"不过是中国的一种策略,以使中国海军能够踏入印度洋,并且反映出中国在该地区日渐增加的影响力。虽然其中也有一些理性、正面的支持声音,但总的来看印度战略界(包括有官方背景的智库)的论调是趋于以疑虑、排斥、警惕等心态为主的。② 有的学者认为,受个人层面、国家层面和体系层面因素的影响,印度对华战略总在纠结与矛盾中选择,中国被视为印度崛起的挑战和国家安全的威胁,导致印度对华政策面临"战略困境""合作困境"与"安全困境"。③ 有的学者认为,莫迪政府对华"问题外交"思维对印度参与"一带一路"的态度产生了影响。印度对"一带一路"的态度,是服从于其对华整体战略思维的,其始终把是否参与"一带一路"作为和中国博弈的工具,本身并不是关键性的政策诉求,印度没有也不会像中国一样把参与"一带一路"与否看作衡量中印关系的标尺。印度要计量的主要是中国会在多大程度上为了争取印度的参与而在其他领域作出让步,即获得"一带一路"项目以外的附加政治经济利益,哪怕这些利益所涉及的领域根本与"一带一路"倡议无关。这恰恰是印度"问题外交"思维的体现。④

由于印度所处地理位置及其在"一带一路"倡议中的重要地位,印度对于"一带一路"的态度自然成为中国学界的关注重点。包括印度对于"一带一路"的认知,印度是否参与"一带一路"及其带来的影响,中印关系的发展趋势和走向等,并提出了相应的对策和建议。实际上,印度学界同样对"一带一路"给予了深切关注,一些学者对"一带一路"倡议表示了肯定。曾经参加过首届"一带一路"

① 蔡马兰、罗舒悦:《"一带一路"倡议在国际媒体报道中的形象分析——以印度英文主流媒体〈今日印度〉为例》,《中国报业》2018 年第 12 期(下)。

② 张立、李坪:《印度对"一带一路"的印度认知与中国的应对》,《南亚研究季刊》2016 年第 1 期。

③ 朱翠萍:《印度莫迪政府对华政策的困境与战略选择》,《南亚研究》2015 年第 3 期。

④ 叶海林:《莫迪政府对华"问题外交"策略研究——兼论该视角下印度对"一带一路"倡议的态度》,《当代亚太》2017 年第 6 期。

国际合作高峰论坛的印度学者表示，在他参加的文化论坛上，他与来自拉丁美洲的文化界代表深入交流，深切感受到"共商、共建、共享"的氛围和民心相通的必要性和重要性。① 第二届"一带一路"国际合作高峰论坛召开之际，《印度教徒报》网站 4 月 25 日发表文章称，中国主导的"一带一路"倡议的全球影响力标志着一个由亚洲主导的新秩序到来，而印度不能把自己排除在这个新秩序之外，应该派观察员参加在北京举办的第二届"一带一路"国际合作高峰论坛。②

上述情况说明，印度社会对于"一带一路"的态度与认知处于发展变化之中，但一直以疑虑谨慎的态度占据主流，亦不乏理性思考和正面支持的声音。继续加强对这一问题的关注，有助于"一带一路"在南亚地区的推进，有助于巩固和发展中国与印度的政治经济文化交往。为此，本课题组于 2018 年 7 月下旬至 8 月上旬期间，赴印度开展调研，与从事国际关系、中印关系以及社会学、经济学、宗教学等领域研究的印度学者进行座谈和交流③，一起探讨"一带一路"相关的学术问题，了解他们对"一带一路"的观点和看法。本文在实地调研的基础上，结合相关文献及研究成果，力图对印度智库及学术机构对"一带一路"倡议态度进行分析，并提出相应的对策和建议。

一 印度国情与中印关系

印度全称印度共和国（The Republic of India），其地处南亚次大陆，东濒孟加拉湾，北抵喜马拉雅山，西面阿拉伯海，南临印度洋，分别与中国、尼泊尔、不丹、孟加拉国、缅甸、巴基斯坦、斯

---

① "一带一路"国际合作高峰论坛：《印度学者："一带一路"成为联结世界的纽带》，央视网新闻，2017 年 5 月 21 日，http://news.cctv.com/2017/05/21/ARTIduTIzjzub02v6HtNcHR0170521.shtml。

② 《印媒文章：印度应充分参与"一带一路"》，新浪新闻，2019 年 4 月 26 日，http://news.sina.com.cn/c/2019 – 04 –26/doc – ihvhiqax5170046.shtml。

③ 根据计划，课题组先后与尼赫鲁大学国际关系学院、印度中国研究所（Institute of Chinese Studies，Delhi）、海德拉巴大学社会学院、加尔各答大学政治学系相关学者进行了座谈和交流，为示尊重，文中一般隐去学者姓名。

里兰卡接壤或相邻。印度国土总面积约 298 万平方公里（不包括中印边境印占区和克什米尔印度实际控制区等），面积居世界第 7 位；人口 13.24 亿，居世界第 2 位。印度有 100 多个民族，其中印度斯坦族约占总人口的 46.3%，其他较大的民族包括马拉提族、孟加拉族、比哈尔族、泰卢固族、泰米尔族等。印度宗教繁杂，世界各大宗教在印度都有信徒，其中印度教教徒和穆斯林分别占总人口的 80.5% 和 13.4%[①]，余为锡克教、佛教、耆那教、拜火教、巴哈伊教、基督教信徒等。印地语为国语，英语为通用语言。

1947 年印度独立以后成为一个议会制民主国家。在过去的 70 年间，印度经历 18 次大选，每一次都保证了国家政权的平稳过渡，体现了该种制度在印度社会的适应性，以及社会矛盾的调节能力。在经济上，20 世纪 80 年代以前印度一直实行政府管制下的混合经济模式，建立起一套比较完整的工业体系和国民经济体系，形成了自我发展的能力，但因缺乏竞争机制，导致生产效率低下，经济增长缓慢。自 1951 年至 1977 年国民经济平均年增长率为 3.65%，1978 年至 1979 年度国民生产总值为 1071 亿美元，每人平均 166.9 美元。印度被列为世界最贫困的国家之一。随着周边国家经济的快速发展，印度于 90 年代初期拉开了经济改革的大幕，提倡自由化、市场化、全球化和私有化，鼓励竞争，扩大开放，使印度经济年均增长 5%—7%，经济实力明显增强，特别是在信息产业方面异军突起，成为世界软件开发中心。[②] 2014 年，莫迪成为印度第 18 任总理，进一步加快了改革的步伐，推出一系列振兴经济、改革政府的政策措施，除继续推进市场化、全球化改革外，还提出了庞大的"供给侧"改革计划，主要内容包括"印度制造"计划、"数字印度"计划和"民生保障计划"，并出台了相应的配套措施。[③] 莫迪政府的发展战略转型取得了显著成效，2015 年和

---

① 《印度国家概况》，中华人民共和国驻印度共和国大使馆网站，2019 年 1 月更新，https://www.fmprc.gov.cn/ce/cein/chn/gyyd/ydgk/t9381.htm。

② 参见马加力《印度当今国情》，《国际资料信息》2002 年第 2 期；伍南：《印度国情》，《世界知识》1981 年第 5 期。

③ 参见李艳芳《印度莫迪政府经济发展战略转型的实施、成效与前景》，《南亚研究》2016 年第 2 期。

2016 年，印度经济增长率分别高达 7.2% 和 7.6%，连续两年成为全球增长最快的大型经济体。其经济总量不断扩张，分别达到 105.2 万亿卢比和 113.5 万亿卢比。人均 GDP 增速由 2013 年的 4.3% 和 2014 年的 5.3%，提高到 2015 年的 5.9% 和 2016 年的 6.2%；人均 GDP 也从 2014 年的 79412 卢比，增加到 2015 年的 86879 卢比和 2016 年的 93231 卢比。① 2017 年，印度 GDP 增长速度下降到 6.7%，2018 年又回升至 7.3%，在大型经济体中居首位。同时，印度的其他主要经济指标也比较好。例如在 2018 年，印度的贸易赤字占 GDP 的 7.6%，虽高于前两个年度，但仍然低于 2012 年的 10.41%；财政赤字占 GDP 的 3.31%，低于 2012 年的 4.93%；通货膨胀率为 2.63%，也低于 2012 年的 10.05%。② 据印度《经济时报》刊文，OECD 日前发布 2018 年经济展望报告称，2019—2020 年印度经济增速有望继续保持 7.5%。③ 尽管莫迪政府的经济改革依然存在不少问题，如过于偏重 GDP 绩效、轻视民生和基础教育，以及行政能力不足等，④ 近年来印度经济的大幅增长，依然给印度社会以极大的振奋，国际社会也普遍持乐观态度。印度的大国心态不断膨胀起来。

中印关系进程比较曲折。中华人民共和国成立后，两国建立了外交关系，曾经有过一段比较甜蜜的时期。然而，由于历史遗留的问题，中印在边界领土上存在众多纠纷，印度政府不顾中国政府希望"谈判解决领土纠纷"的合理诉求，反而采取强硬措施，向非武装化的争议地区派兵，终于引发了 1962 年的中印边界战争，并遭受惨败，形成历史积怨，至今印度许多军政要人以及百姓都对那场战争耿耿于

① Department of Economic Affairs, Ministry of Finance, Government of India, "Economic Survey 2015 – 2016," March 2016, p. 2. http://indiabudget. nic. in/es2015 – 16/echapvol2 – 01. pdf.

② 张家栋：《印人党执政 5 年来 GDP 增速在大型经济体中居首位，反对党对此质疑——印度经济高增长是"人工制造"?》，《文汇报》2019 年 4 月 8 日第 7 版。

③ OECD：2019 年至 2020 年印经济增速将保持 7.5%，中华人民共和国驻印度共和国大使馆商务经济参赞处网站，2018 年 11 月 30 日，http://in. mofcom. gov. cn/article/jmxw/201811/20181102812291. shtml。

④ 李艳芳：《印度莫迪政府经济发展战略转型的实施、成效与前景》，《南亚研究》2016 年第 2 期。

怀,对中国充满敌意和不信任感。除了领土纠纷,中印还在联合国改革、核武器试验、巴基斯坦事务、中国西藏达赖集团流亡政府等问题上存在重大分歧,影响了两国在经济等方面更加深入的合作。① 特别是印度一直将南亚地区和印度洋视为自己的势力范围,对与中国接壤的几个小国极力拉拢和控制,甚至将锡金并入印度领土。1976 年中印双方恢复互派大使后,两国关系逐步改善。自 1988 年印度总理拉吉夫·甘地访华后,印度国家领导人相继访问中国,中国国家领导人也多次访问印度。21 世纪以来,中印关系取得全面、快速发展。两国领导人多次互访会谈,相继签署和发表了《中印关系原则和全面合作的宣言》(2003 年)、《中印关于二十一世纪的共同展望》(2008 年)等一系列文件和宣言,双方逐步建立面向和平与繁荣的战略合作伙伴关系,中印政治关系有所恢复,经济贸易往来稳步增加。然而,印度对于日益发展壮大的中国始终充满了焦虑。莫迪政府上台后,随着印度经济的快速发展,印度内外环境发生显著变化,成为美国、日本重视和诱拉的对象,印度对中国的防范加强,中印关系出现跌宕起伏现象。在这种背景下,中国提出"一带一路"倡议,印度不仅没有正式参与,相反表现出十分明显的抵触态度。② 这种现象的出现,是历史根源和现实原因交互作用的结果。

二 印度对"一带一路"倡议的态度

印度社会对于"一带一路"倡议的态度一直处于发展变化之中,却又普遍表示出谨慎和质疑。在主流认知中,官方和民间的态度存在一些区别,但总体上看官方态度在很大程度上左右着民众的认知。

(一)印度官方对"一带一路"倡议的态度

"一带一路"倡议在 2013 年 9 月提出,随后几年逐渐成为一个国

---

① 高尚涛:《印度对"一带一路"倡议的看法及中国之应对》,《对外传播》2018 年第 8 期。

② 吴兆礼:《印度对"一带一路"倡议的立场演化与未来趋势》,《南亚研究》2018 年第 2 期。

际性的热点话题。对此，印度政府一开始相对沉默，继而在 2016 年和 2017 年表达了婉拒的态度，主要是认为，"一带一路"是中国的单边倡议，没有与其他国家磋商，其他国家不一定拥护。2017 年 12 月，印度外交部发言人库玛尔（Raveesh Kumar）表示："印度的立场一贯是非常清晰和持续的，我们相信，这项倡议必须基于国际公理和准则，实施方式应该开放透明，并且互相之间尊重彼此的领土与主权完整。"① 这其中，2015 年中国与巴基斯坦签订的"中巴经济走廊"的宏大工程，作为"一带一路"倡议的旗舰项目，对于印度政府而言是一个巨大刺激：中巴经济走廊经过的吉尔吉特—巴提斯坦（Gilgit-Baltistan）地区，是印度声称拥有主权而被巴基斯坦实际占领的一部分克什米尔地区，印度认为"中巴经济走廊"挑战了印度的主权，因为走廊包含了将通过吉尔吉特—巴提斯地区的喀喇昆仑公路升级的规划，这等于是中国在支持巴基斯坦对克什米尔这一地区的非法占有。2017 年 5 月，中国在北京举办、有 100 多个国家（其中包括 29 个国家元首和政府首脑）参加的"首届一带一路国际合作高峰论坛"，印度没有参加，主要理由是中巴经济走廊通过巴占克什米尔地区，是对印度主权和领土完整的侵犯。

中国政府对于印度的关切作出了回应。中方强调中巴经济走廊是一个经济合作倡议，无关地域主权争议，也不影响中国在克什米尔问题上保持中立的一贯立场。2017 年 4 月，中国外交官刘劲松在孟买举行的关于"一带一路"的研讨会上回应了中巴经济走廊通过巴占克什米尔地区的问题，他承认巴占克什米尔是有争议的，并表示一旦克什米尔争议解决后，中国愿意与主权方重新协商。2017 年 11 月，中国驻印度大使罗照辉在与印度智库的闭门讨论会上，表示可以考虑重新命名中巴经济走廊，找到一个印度可以接受的名称，乃至另外规划一个经济走廊路线，通过杰穆—克什米尔、乃堆拉山口或尼泊尔进入印度，以包容印度的关切。中国外交部发言人有关此问题的回答中既没

---

① 《印度重申拒绝"一带一路" 中国学者：充满误解》，新浪新闻，2017 年 12 月 24 日，http：//mil. news. sina. com. cn/2017 - 12 -24/doc - ifypwzxq6021079. shtml。

有肯定也没有否定，只是说鼓励罗大使与印度协商，同时顾及巴方的感受。印度媒体也认为罗大使发表的不是个人看法。但印度政府并没有积极回应中方的这一表态。

虽然迄今印度政府对于"一带一路"倡议的官方立场未有松动，但是也看到了"一带一路"给印度经济发展带来的良机，尽可能地利用相关基建资金，最突出的表现是参与亚投行的筹建。亚投行于 2016 年 1 月成立，截至 2018 年 5 月已经向各成员国提供资金累计超过 40 亿美元贷款，其中 12 亿美元落地印度，贷款占比接近 30%，成为贷款占比最大国。① 在中印关系较为紧张的背景下，印度能在中国倡议成立的亚投行中成为最大获益国是完全超乎想象的，这对印度经济发展具有极为重要的意义。

（二）印度智库、学者、分析人士对"一带一路"倡议的看法

在实地调研中，印度学者大多强调，印度对于"一带一路"倡议背后的互联互通观念和愿景在原则上是赞成的，只是对其具体实施持保留态度。而相对于印度政府的官方态度，印度智库、学者、分析人士对"一带一路"倡议的看法更为多元开放，表达也更为坦白，触及印度反应的更深层次的原因。

1. 关于中巴经济走廊

根据座谈，印度学者、智库专家以及大部分媒体文章，对于中巴经济走廊的态度，基本上不会超出官方的表态，也就是强调巴占克什米尔的主权问题是印度整体接纳"一带一路"倡议的最大障碍。

有学者特别提到，中方与巴基斯坦双方规划了长达 3000 千米的经济走廊，而且经过了巴占克什米尔地区，却没有事先向印度释疑；中国对于印度这样一个近邻和利益相关方也没有解释关于这一经济走廊设计的大视野、大愿景，没有与印度达成共识，也就难怪印度要将"一带一路"视为中国单方面的倡议，是中国为自己单方面崛起强大

---

① 张兴军：《专访：印度已成为亚投行最大获益者——访亚投行副行长丹尼·亚历山大》，新华社孟买 5 月 15 日电。

而设计的。总之，这样一个宏大规划成为中巴两国的工程，完全没有包容印度的利益，印度对此心怀怨憎。

另外，还有学者质疑中国对巴基斯坦投资的意图。中巴经济走廊总投资额已经上升到 620 亿美元，约占巴国年度 GDP 的 1/5。面对如此巨额的投资，印度学者表示不可理解。对此，课题组从中巴经济走廊对中国西部发展和开辟替代性油气资源保障线的角度作出了解释。

印度有些智库、学者和媒体主张不要让主权争议绑架经济发展的机遇。印度中国研究所的基山·拉娜（Kishan S. Rana）在 2017 年 9 月发表了关于"一带一路"的专题报告，认为："印度对于中巴经济走廊，如果只关注巴占克什米尔，等于让自己走进了死胡同里；在这个问题上，印度的态度应该灵活些。"[①] 有媒体文章认为，把中巴经济走廊经过巴占克什米尔地区作为反对理由，是经不起推敲的。印度的流行网络媒体 scroll 在 2018 年 6 月 14 日刊载了一篇文章，倡导印度加入"一带一路"，其中对于中巴经济走廊经过巴占克什米尔地区进行了解释：西线经济走廊是对已有的喀喇昆仑公路进行升级改造，而喀喇昆仑公路兴建于 1959—1979 年，一开始就是中巴合作修建的，前往巴基斯坦的贸易通道经过这个地带对中国而言最为便捷。关于印度对喀喇昆仑公路经过的吉尔吉特—巴提斯坦的主权声索，该文章认为如果有坚实的基础还好说，可是甚至连印度最亲密的盟友也没有接受："印度共和国在其存在的整个时间里，从没有控制或管理过这一地区。不过是一个不得民心的国王在胁迫之下把这片土地签给了印度。"[②] 文章认为，既然阻止不了中巴经济走廊，不如积极利用"一带一路"倡议提供的机遇。

课题组在座谈中提问到，假设中巴经济走廊避开有主权争议地

Kishan S. Rana, "China's Belt and Road Initiative: Impact on India & its China Diplomacy", *Institute of Chinese Studies*, 2017. www. icsin. org/uploads/2017/10/10/1b92c7fef95d5467b951f7c973bc3433. pdf.

② Girish Shahane, "India Stands to Gain the Most and Risks the Least by Joining China's One Belt, One Road Initiative", 2018 – 06 – 14, https: //scroll. in/article/882411/india – stands – to – gain – the – most – and – risks – the – least – by – joining – chinas – one – belt – one – road – initiative.

区,印度会不会参与"一带一路"?印度学者们回答说,那会提高印度参与的可能性。换句话说,即便没有主权争议问题,印度也未必参与或未必积极参与,比如印度对待与其有关的几个经济走廊之态度。

2. 关于中印尼(中国—印度—尼泊尔)经济走廊的构想和孟中印缅经济走廊

中国继"一带一路"倡议之后,外交部部长王毅于 2017 年 9 月会见尼泊尔副总理时提出了构建中印尼经济走廊的构想。尼泊尔对于参与"一带一路"倡议的态度非常积极。同样地,印度对中印尼经济走廊的构想也比较冷淡。参与座谈的印度学者认为,印度和尼泊尔之间有特殊关系,通过 1950 年的《和平友好条约》,双方免签证,公民在对方国家享有除选举权之外与本国公民同样的民事权利,如工作和购买土地。中印尼经济走廊的建设,对印度—尼泊尔的特殊关系有可能造成负面影响,这是印度冷落这一起提议的原因。

孟中印缅经济走廊的提出早于"一带一路"倡议,原是云南省的一个区域动议;1999 年,云南省倡议举办了孟中印缅经济走廊论坛,以昆明和加尔各答的陆路联通为讨论主题。2013 年 5 月,李克强总理访印时,与时任印度总理辛格签署联合声明,倡议建设孟中印缅经济走廊,由此将地方倡议提升到政府间层次。2015 年,中国国家发展改革委员会接手该项目的主导权,把它变成了"一带一路"的一部分,与中巴经济走廊等合并为六大经济走廊。这在印度也引起了负面反响,认为中国将孟中印缅经济走廊纳入印度未加入的"一带一路"倡议,是缺乏磋商精神、单方面行事的表现。印度学者提出,中方应该更多征询、考虑有关各方的意见,应该阐明项目建设会给他们带来怎样的后果、他们如何受益等。有的学者指出,孟中印缅经济走廊各方以往有过合作,其中缅方参与的均为军事人员,不具外交资质;孟方也有不同想法;涉及印度的则是其东北部有族群分离运动历史的敏感地带,因此印度有犹豫之处。

3. 关于对"一带一路"倡议的战略考量

前文提到,即便没有中巴经济走廊的主权争议问题,印度也不一定参与"一带一路"倡议;现实中,印度对于中国外交官传达的可以重新命名中巴经济走廊和规划线路的提议，也没有积极回应。印度的态度有更深层次原因，那就是它的战略考量。

印度官方认为，互联互通不都是正面的，也可能打破地缘政治的现状。印度对于"一带一路"倡议的深层担忧正在于此：海上和陆上丝路有可能扩大中国在印度洋和南亚邻国的影响。关于中巴经济走廊，除了巴占克什米尔的主权问题，印度还担心，瓜达尔港受到中国控制，将来有可能成为海军基地。瓜达尔港和中国海军介入印度洋，都引起印度的严重关切，被印度视为对其战略空间的侵蚀。此外，边界争议和印度提出加入核供应集团，也是印度战略考量的中心议题。

印度的关切有其理由。印度位于印度洋的中心地区，有 7500 千米的海岸线，1200 个岛屿，13 个主要港口，一个 240 万平方英里的专属经济带。印度 90% 的出口靠海洋，所有的能源进口靠海湾地区和非洲。当前印度年度外贸总值 8000 亿美元中，95% 的体量和 68% 的价值通过印度洋进出。印度石油进口的 80%、天然气进口的 60% 依赖海洋。全国 10%—15% 的人口居住在海岸地区，1400 万人以渔业和海产养殖业为生。印度也是深海矿业的先驱者。印度洋对于印度具有重大的安全利益和经济利益。因此，印度方面认为，"一带一路"是中国通过经济活动、港口和管道建设以及海军的部署，扩展自己在印度洋的存在。尽管中国政府从最高领导到外交官、评论人一再强调"一带一路"倡议的性质是地缘—经济，不是地缘政治和战略，但印度人并未信服。在座谈中，有印度学者质疑中国在巴基斯坦的巨额投资，超越了从经济角度理解的可能。还有人指出："一带一路"倡议包含了在 45 个国家的 75 个港口建设，这么多港口用来做什么？是否会以民用加上军用的双重用途存在？一位学者在说到中国在斯里兰卡建港口为什么有问题时，直截了当地说，"离印度太近了"。

印度的战略关切也转化成了行动。2014 年，莫迪政府宣布海洋安全是政府的优先考虑。国内的造船业得到大发展，海军装备和能力大升级。此外，印度还与地区和超地区的海洋力量如美、日、澳、印尼等加强了合作，以达到限制中国的目的。印度政府与印度洋的岛屿国家也建立了更密切的关系。印度在伊朗投资建设查巴哈尔港（Chaba-har），距离瓜达尔港只有80公里。所谓印太战略的四方——美国、印度、日本和澳大利亚也在商议合作建设地区互联互通工程，以作为中国"一带一路"倡议的替代性选择。2017年印度与日本商议共建亚非增长走廊。印度也表示支持俄国连接阿拉伯海的国际南北交通走廊。不过，印度参与的多数联通工程倡议大多还只是纸面上的，只有查巴哈尔港已动工但进展缓慢。

如同印度中国研究所的主任、前驻中国大使康特（Ashok K. Kantha）在座谈中所说，印度的好处是各种声音都可以听见。他一边让我们理解印度人共享的对"一带一路"倡议的战略关切，一边指出，也有人认为印度不能局限于此，不能低估或者只是负面地看待这一倡议，要看到它的巨大潜能，看到它确实提供了公共产品。一些媒体文章能够从战略的角度进行探讨，认为"一带一路"倡议关系到亚洲的走向，在中国试图整合南亚和欧亚大陆的时候，置身事外并不符合印度的利益，[1] 或者说，印度只有通过参与才能保障自己的利益；认为印度应该着眼于长期的经济、政治利益，积极参与海洋联通倡议，处理地区安全问题，通过与中国、俄国的密切合作参与定义、塑造新世界秩序。[2]

2018年中印关系回暖之后，印度对中国的战略关切似乎有所缓和。2017年11月，美、印、日、澳四方曾商讨合作，美国计划出资1.13亿美元支持印太地区的数字经济、能源和基础设施建设。2018年8月7日，印度表示不加入7月30日美国领导达成的、平衡"一带一路"倡议的美、日、澳三方倡议。[3] 这无疑是印度稳定与中国关

---

① Sushil Aaron, "Why India Needs to Take China's One Belt One Road Initiative Seriously", 2017 – 03 – 31, https：//www. hindustantimes. com/analysis/why – india – needs – to – take – china – s – one – belt – one – road – initiative – seriously/story – OpfzM34MJoEyGLE7z8GkSI. html.

② Talmiz Ahmad, "Why India Needs to Take a Fresh Look at China's Belt and Road Initiative", 2018 – 07 – 03, https：//www. business – standard. com/article/current – affairs/why – india – needs – to – take – a – fresh – look – at – china – s – belt – and – road – initiative – 118070300124_ 1. html.

③ Dipanjan Roy Chaudhury, "India not to Join US-led Counter to China's BRI", 2018 – 08 – 07, https：//economictimes. indiatimes. com/news/politics – and – nation/india – not – to – join – us – led – counter – to – chinas – bri/articleshow/65300729. cms.

系的举措，也符合它对多极世界的追求。2018年8月，印度在孟加拉—不丹—印度—尼泊尔的联通工程中首次邀请中国"有限度地投资"；印度在东北部联通孟加拉国吉大港的项目中也邀请中国投资消费品生产，并提出中国可以通过印度东北部和吉大港进入印度洋。印度并不一定同意中国有报道称这代表了印度对"一带一路"倡议的立场出现战略性变化[①]，但它无疑是印度与中国在互联互通工程中开始积极合作的重要一步。考虑到印度对其东北部一贯的敏感态度，此次邀请中国参与其东北部的合作项目，显然是信任增强的信号。

4. 关于对"一带一路"倡议的经济考量

中国一再强调"一带一路"是一个地缘经济倡议，印度一些学者、智库、分析人士正是从经济机遇的角度提出这样的主张，即印度应加入"一带一路"，利用它所包含的基础设施建设和制度促成本国经济的转型。

座谈中有印度学者认为，"一带一路"倡议在一些国家产生的问题，证明了印度的疑虑不是多余的，例如让工程所在国落入"债务陷阱"的问题。斯里兰卡是最常被引用的例子：欠中国的贷款超过80亿美元，有一些是前任政府以6.4%的利率借的。因无力偿还，斯里兰卡把汉班托塔港租给中国公司99年。康特在2018年7月接受《今日印度》杂志采访时说，印度没有参加在北京举行的首届"一带一路"国际合作高峰论坛，那时候人们有一种感觉，包括印度国内都有人觉得，印度自我孤立了，有成为60个国家支持的这一全球工程局外人的风险。一年之后，印度的立场看起来得到了越来越多的证实，当初印度不参加峰会时说的宏大工程缺乏透明度和金融可持续性的问题，其他许多国家也认识到了。在斯里兰卡之外，缅甸说要重审中国工程的条款，马来西亚总理也对欠中国的贷款表示担忧，并停止了200亿美元的高铁项目——后来访华时取消了高铁和两个天然气管道项目。即便在中国的全天候盟友巴基斯坦那里，对于中巴经济走廊的条款也有批评之声。这些

---

① Abhishek G. Bhaya, "India Offers China Access to Northeast in BRI Strategic Shift", 2018 – 08 – 29, https://news.cgtn.com/news/3d3d414d7a597a4e79457a6333566d54/share_ p. html.

动向强化了印度最初对"一带一路"倡议的怀疑。①

不过，经济考量不是政治的黑白问题，在这方面，印度政府和学者都认为，可以通过设立标准和程序管控经济风险。就像有文章说的，印度完全可以"选择那些能够带来持续收益的项目"，"而拒绝那些让中国单方面受益的项目"。②

一种观点认为，印度不加入"一带一路"也没有多大损失，因为印度作为世界最大的消费市场之一，已经吸引了大量外国直接投资（FDI），其中中国的投资增速最快。③确实，印度已经超越中国和美国成为外国直接投资进入最多的国家。2017财年，印度接受了430亿美元的外国直接投资，比上一年增长9%。2017年10月的一份调查显示，有将近600家公司计划投资印度，总额达到850亿美元；其中中国公司投资额最多，占到总额的42%；其次是美国和英国的公司。④当然，还要看投资的领域。回报周期长的交通、基础设施投资并不在私人投资兴趣的前列。在这方面，亚洲基础设施投资银行起到了重要作用。印度已经使用了亚投行十几亿美元的贷款用于基础设施建设。

康特和其他印度学者都提到亚投行，将它作为印度与中国基于共同利益合作的成功例子。康特在《今日印度》的采访中说得更明白。中国最初在2015年邀请印度正式加入"一带一路"倡议。而当时印度主要认为这一倡议不够明晰。印度认为，这只是中国自己的倡议，不是多边性质的，在相当一段时间里中国也没有让印度有深入了解。

---

① Anantha Krishna, "India's BRI Bet Pays Off", 2018 – 07 – 27, https：//www. indiato-day. in/magazine/up – front/story/20180806 – india – s – bri – bet – pays – off – 1297697 – 2018 – 07 – 27.

② Girish Shahane, "India Stands to Gain the Most and Risks the Least by Joining China's One Belt, One Road Initiative", 2018 – 06 – 14, https：//scroll. in/article/882411/india – stands – to – gain – the – most – and – risks – the – least – by – joining – chinas – one – belt – one – road – initiative.

③ Dhruva Jaishankar, "India doesn't have a lot to Lose by Boycotting OBOR. Read Why", 2018 – 07 – 12, https：//economictimes. indiatimes. com/news/defence/india – doesnt – have – a – lot – to – lose – by – boycotting – obor – read – why/articleshow/58766498. cms.

④ Ruchika Chitravanshi, "Led by Chinese, nearly 600companies line up ＄85 billion invest-ments in India", 2017 – 10 – 16, https：//economictimes. indiatimes. com/news/economy/fi-nance/led – by – chinese – nearly – 600 – companies – line – up – 85 – billion – investments – in – india/articleshow/61093929. cms. 27.

印度外交部部长苏什玛·斯瓦拉杰（Sushma Swaraj）在 2015 年向中国外交部部长王毅传达的意思是，印度对于这一倡议持严肃保留态度，但如果双方有利益契合点，印度仍然愿意与中国合作。因此，2016 年印度加入了亚洲基础设施投资银行。亚投行原是中国作为"一带一路"的关联项目提出的，印度对亚投行主席表明，只有它是真正多边的机构，印度才会参加。中国确实考虑了印度和其他国家的意见，最终亚投行的结构中，中国即便是第一大出资国也没有否决权。而印度成为第二大出资国。① 印度还是亚投行的第一大资金使用国。这里的关键是多边还是单边的问题。印度一直不想见到"一带一路"的项目只是中国和项目所在国的双边工程，与其他国家无关，而它在亚投行的角色有更大的分量。康特提到，2018 年 4 月底中印两国首脑在武汉会晤之后，中国接受了印度的立场，表示可以与印度合作，以"中国 + 印度 + 另一方"的多边方式签订项目。印度对此的态度是谨慎向前的。②

座谈中印度学者提到，印度一些地方政府对"一带一路"倡议的态度更为正面，更重视经济机遇。马哈拉施特拉邦、安得拉邦和古吉拉特邦政府都表达过对海上丝路的兴趣。基础设施落后的印度东北部邦，对于联通工程也有很大的积极性。此后不久的媒体报道中，提到 2018 年 8 月中旬印度人民党总书记兰姆·马德哈威（Ram Madhav）带着印度东北部阿萨姆、特里普拉和那噶兰三个邦的部长在广州洽谈，为东北部联通与孟加拉吉大港的项目寻求中国资本参与消费品生产的投资，同时提出，中国可以通过印度东北部和吉大港进入印度洋。③

---

① Anantha Krishna, "India's BRI Bet Pays Off", 2018 – 07 – 27, https：//www. indiato-day. in/magazine/up – front/story/20180806 – india – s – bri – bet – pays – off – 1297697 – 2018 – 07 – 27.

② Anantha Krishna, "India's BRI Bet Pays Off", 2018 – 07 – 27, https：//www. indiato-day. in/magazine/up – front/story/20180806 – india – s – bri – bet – pays – off – 1297697 – 2018 – 07 – 27.

③ Saibal Dasgupta, "Govt Seeks China Role in Northeast Connectivity Plan", 2018 – 08 – 16, https：//timesofindia. indiatimes. com/world/china/govt – seeks – china – role – in – northeast – con-nectivity – plan/articleshow/65417648. cms.

5. 印度学者关于"一带一路"实施方式的建议

座谈中,印度学者就"一带一路"实施方式,提出了一些建议:

一是需要多国参与和集体磋商,而不是变成中国与工程所在国的双边协议,因为所提供产品的国际公共产品的性质,其他国家也将直接、非直接地使用。多边参与和多边受益,不仅对当地是好事,对中国也是好事,只有这样才是可持续的。他们认为,2017年的"一带一路"国际高峰论坛未达到开放、集体、全面磋商的标准,今后的高峰论坛应该努力达到。

二是中国要更多地考虑工程所在国的实际需求,而不只是考虑自己擅长的和能够提供的。项目投资必须考虑金融上的可行性。

三是"一带一路"工程通常聚焦于政府层面,需要考虑实际承担了工程的环境、生态影响及其他后果的民众付出并得到了什么。

四是中印关系的重要性大于"一带一路"倡议。虽然"一带一路"倡议是一个极其宏大、影响深远的事业,但它只是中印关系的一部分。中印不仅是两个最大的发展中国家,也是目前全球经济增长最快的两个国家。拥有庞大的年轻人口和市场的印度,正向世界第三大经济体成长、迈进。中国已经认识到印度是自己最重要的邻居。中印都追求多极的世界,双方在许多领域有共同利益,比如说在当前世界贸易战的阴影下,中印成为倡导自由贸易的旗手。中印双方特别需要解决分歧,携手合作,方式是以更广泛的交流协商机制增强战略互信。

三 分析和建议

此次在印度的实地调研发现,与周边国家对"一带一路"倡议的积极态度相比,印度的态度比较复杂。总体上看,印度官方对于"一带一路"倡议从最初的不支持、不参与逐步变为有限度地参与周边计划,但仍抱有很大的戒心甚至敌意;印度学界态度与官方态度基本一致但也多元并存,公开场合不愿发表不同声音,深入交流时对该倡议很是重视,也提出了一些个人意见;企业和地方政府相对灵活和积极，事实上参与和扩大中印合作的积极性越来越高，中国经济影响力不断扩大，中印双方经济合作不断加强是实实在在的，效果不断显现；民众力量容易受不同政党主张左右，形成中间摆动状态。我们的调查交流虽有一定广度但深度不足，对于印度这样一个历史悠久、社会结构复杂、思想价值多元的人口大国和潜在经济大国的了解还是比较粗浅的。尽管如此，我们认为中方提出"一带一路"倡议对印度的冲击和影响还是巨大的，掌握印度官方、学界和民众的态度很有必要。为了促进"一带一路"和中印关系顺利发展，提出以下几点认识和建议。

1. 充分认识印度对"一带一路"倡议态度背后的战略考量

中印是近邻，也都是崛起中的大国。印度对"一带一路"倡议的态度不仅仅是表面说辞那么简单，其实有更深层次原因，那就是地缘政治和国家战略的考量。印度官方对于互联互通的看法，不都是正面的，认为联通也可能打破地缘政治的现状。印度媒体对"一带一路"的批评很多，边界争议、中国不支持印度加入核供应集团、中国在南亚影响迅速增长、中国海上力量进入印度洋等，都是导致印度关切的重要由头。当然，印度的关切有其理由。南亚尤其是印度洋对于印度具有重大的安全利益和经济利益。尽管中国政府从最高领导到外交官、评论人一再强调"一带一路"的性质是地缘—经济，不是地缘政治和战略，但印度人没有被说服。印度认为"一带一路"倡议关系到亚洲的走向，置身事外并不符合印度的利益。

2. 充分认识印度的大国战略目标及一定条件下的骑墙态度与冲动

在国际舞台上，印度希望展现自己的独立性和大国地位，自认是南亚霸主，南亚地区乃至整个印度洋区域都是其固有势力范围，不希望中国染指、更不希望中国在该地区影响力扩大。印度非常担心，中国在该区域影响力扩大，会弱化印度的地位。同时，印度与中国在产业体系、技术实力方面的差距日益扩大，从总体上保护本国产业、本国市场的立场也比较清晰，不可能公开全方位支持"一带一路"倡议，尽管参与进来可以获得相当大的经济利益。作为继承英国殖民遗产、志在全球崛起的南亚大国，在中美之间日益激化的战略竞争和美国联印遏华背景下（美国印太战略和所谓的"日美澳印"同盟），印度看到游走于中美之间、采取"骑墙政策"的战略缝隙，企图两边牟利。这种态度对中国"一带一路"南向通道建设和中巴经济走廊、孟中印缅走廊建设形成很大制约，造成结构性矛盾，短时间内难以克服。对此应当保持耐心。此外，中印边界领土纠纷也是影响印度对"一带一路"态度的重要因素。印度保持在藏南地区存在感和中印边界问题谈判筹码的诉求没有发生变化。这涉及两国的根本利益，双方都很难从原有立场上后退。还由于政治制度和意识形态领域的差异，印度对"一带一路"倡议的合作与配合也存在一定的制约。印度自诩为世界上"最大民主国家"，作为平衡国内利益纷争和社会矛盾的借口，大多数执政精英试图通过否定中国道路、中国模式优越性的方式遏制内部改革的声音，因而在舆论上支持抹黑中国、鼓吹中国"一带一路"是对印度的包围、威胁之类话语短期内难以消减。基于以上考虑，对于印度在中印合作、"一带一路"建设中的态度些微变化，也不宜估计过高，应当继续加大力度深化与印度外围国家如尼泊尔、巴基斯坦、孟加拉国的合作，以带动印度态度的变化。

3. 充分认识中印合作潜力巨大而竞争矛盾并存的长期态势

印度在陆上和海上丝路都处于重要节点，当"一带一路"倡议要加强中国与所有邻国的联通和地区经济发展的时候，是绕不过印度的。而印度对于"一带一路"倡议从一开始就保持距离。与官方相比，印度的智库、学者和分析人士对于"一带一路"有更为多元和开放的态度。印度主流声音对"一带一路"倡议充满质疑，但印度政府并没有把门关死（比如参加亚投行）。印度即使态度出现很大变化也不会完全支持、接纳"一带一路"，但会越来越多地在多边结构下参与"一带一路"建设的某些项目。印度学者一方面为印度官方的态度解释辩护；另一方面也对中方提出了建设性意见。印度有大国追求，强调世界多极首先是亚洲多极。由于这些原因，"一带一路"建设无论会带给印度多大的经济利益，印度政府都会把政治风险考虑放在第一位。

4. 话语权与软实力不足以影响"一带一路"合作的深入开展

"一带一路"倡议实施五年来已经得到广泛响应，各类项目和合作不断推进，已经陆续展现合作效果。通过"一带一路"建设项目，中国的硬实力得以彰显，软实力的进一步提升获得了更多的重要支撑。"一带一路"中的人文交流活动是增强国家软实力的重要途径。近年来，特别是2017年中央印发《关于加强和改进中外人文交流工作的若干意见》后，中国与南亚国家在教育、文化、媒体、学术研究和非政府组织等社会与人文领域的交流合作呈加速发展趋势。其中，国内学术界积极开展与区域国家的教育文化合作，进行智库"二轨"对话，发挥了特别重要的作用，取得了良好的效果。

但是，与大规模投资的硬项目相比，中国在软实力建设上依然面临挑战。由于印度政府对中国"一带一路"倡议采取不支持、不参与的态度，很多印度专家学者对"一带一路"的误解甚至敌意很深。其中既有因为缺乏信息和交流而造成的误解，也有对中国的战略敌意和刻意污名化。面对这样的舆论环境，中国在南亚地区的声音还不够大，说好"中国故事"的能力还不强，对社会和人文等软性议题的影响力还有待提高。比如，不少当地学者提出，希望能够更多了解中国和"一带一路"倡议，但是目前我们针对这些国家提供的有效信息和资料太少，获取渠道也不通畅。

5. 推进实施"一带一路"倡议和深化中印合作的建议

第一，高度重视中印关系。中印是两个最大的发展中国家，也是目前全球经济增长最快的两个大国。中国和印度都追求多极的世界。在当前世界贸易战的阴影下，中印成为倡导自由贸易的旗手。中印双方在许多领域有共同利益，需要双方从大局出发，强化合作，管控分歧，以更广泛地交流协商机制增强战略互信。

第二，充分认识和理解印度的大国地位追求。印度的大国利益诉求依然带有殖民主义、地区霸权主义的印记，带有不可名状的文化优越感和无理搅三分的争辩传统。作为人口对等、发展潜力巨大的近邻，中国应当充分认识理解印度诉求背后的历史文化、战略区位、政治经济考虑，保持尊重而不是轻蔑的态度对待这个巨大的国家。

第三，在印度周边国家和地区推进实施"一带一路"项目时，注意征求和听取印方意见。由于1962年中印战争的深刻阴影，印度对中国缺乏战略信任，戒备心态同时可见于政府和民间，这不是短时间能改变的，也使得跟中国打交道成为一件非常敏感的事情。印度对于“一带一路”的地缘政治关切势必使其始终把中国在其周边的合作项目看成“威胁”而不仅仅是“机遇”。涉及主权争议的中巴经济走廊不仅是“一带一路”的一部分而且是其旗舰项目，印度的态度尤其强烈。在这种情况下，中方对于印度加强释疑解惑的工作十分必要。

第四，创新“一带一路”合作机制，加强和发挥多边机制作用。印度担心自己成为中国“一带一路”倡议的弱小跟班或随从。既想获得实实在在的利益，又想享有“大国”待遇且高于其他合作伙伴的尊严和面子。推进中印合作，需要了解印度的心态，可以采取更加灵活的方式和形式，要大力推动和完善多边机制体制。可利用已有的多边机制如上合组织和金砖四国，或者让“一带一路”工程与印度参与的其他工程在互补的基础上合作。

第五，切实改进“一带一路”项目的运作方式。（1）涉及多边关系的项目尽量在事先与多国集体磋商，注意避免变成中国与工程所在国的双边协议。因为所提供产品的国际公共产品的性质，其他国家也将直接、非直接地使用。多边参与和多边受益，不仅对当地是好事，对中国也是好事，只有这样才是可持续的。（2）中国要更多地考虑工程所在国的实际需求，而不是只考虑自己擅长的和能提供的。（3）“一带一路”工程通常聚焦于政府层面，在推进项目的同时必须考虑工程环境、生态影响和民众态度。尤其是当地民众最关心得到了什么，付出了什么。加强沟通、宣传工作十分必要。（4）加强项目的科学论证，项目投资在考虑长远战略利益的同时，必须考虑金融上的可行性，减少盲目投资给国家和大批民营企业带来的巨量损失。

6. 加强人文交流，促进中印在“一带一路”建设中深度合作的建议

通过调研，我们认为随着经济技术硬实力的崛起，中国国际影响力的扩大是必然的。但是，面对当地社会尤其是学术界舆论界的误解乃至敌意，仅仅靠扩大硬实力促进“一带一路”合作是不够的，进行符合当地民众心理的客观解释是必须的、急迫的。人文学术交流可以

作为"切入口",促进人文领域互联互通,在强化对外传播、主导热点议题、争取支持力量、提供企业咨询等方面发挥更重要的作用。这就需要我们拓宽思维,在大外交、大统战和大外宣的背景下去考虑如何发挥人文学术活动的作用,同时改善体制机制,锻炼学者的"学术外交"本领。

第一,把人文学术交流工作作为中印关系的重要组成部分。为了扩大人文学术交流、发挥社会科学研究成果在增强对外传播能力方面的作用,可进一步拓宽思维,创新方式。比如,组织国内学术机构编写更具地区针对性的"白皮书"和通俗读本,面向海外不同社会阶层,对"一带一路"进行说明和解释,以多语种向国外发行;加快中国学术成果特别是研究中国问题的经典学术成果的外译工作;建设面向海外受众的"一带一路"综合资料文献数据库,在中国驻外使馆官方网站上提供免费查阅和下载服务;设立以宣传影响力为评价标准的"一带一路"研究专项课题,项目最终成果应要求部分或全部在国际学术刊物或主流媒体上发表;设立"一带一路"国际合作专项课题,邀请海外特别是"一带一路"国家学术机构和学者参与,将他们在国际/本国学术刊物和主流媒体上发表的研究成果纳入课题评价标准;鼓励受聘于国内学术机构的海外学者在国际学术刊物和主流媒体上为"一带一路"发声,对他们合理的、建设性的批评意见持宽容态度,对罔顾事实有意抹黑的言论则追究责任。这些工作既可以拓宽和便利对外传播,又可以通过对外学术合作来争取海外学界和智库,特别是"一带一路"国家学者的理解和支持。

第二,改善和创新学术管理机制,鼓励学者"迈出去、走进去、待下去"。学术界是重要的"二轨"外交力量,建议外交部牵头,联合其他相关部门,在从事"一带一路"研究的国内学术机构中精选出一些研究和社交能力俱佳的学者,各驻外使馆为他们在当地的活动提供必要的支持和协助,力争最后培养出一批学术功底深厚、熟悉当地情况、社会关系广泛的学者。建议扩大海外研究中心建设,鼓励中国学者长期持续开展当地情况的跟踪调查,及时反馈当地学术界和媒体的动态。同时,国家外事、宣传、统战和安全等部门要支持海外学术研究机构开展更加广泛深入的合作,加强相互之间的合作,形成对外工作的合力和"大外交"格局。

第三,加强学术研究为"一带一路"建设服务的应用性和针对性。"一带一路"沿线国家社会人文环境复杂,社会公平、人权、环保、宗教和谐、非政府组织等热点问题多,如果应对不当,会影响到"一带一路"项目的顺利推进。目前国内从事"一带一路"相关研究的学科,以国际政治、经贸研究和区域研究为主,多走"上层路线"。虽然项目可以开展,但对当地民众解释不够,很难得到更大范围的社会支持。迫切需要多学科的学者开展学术工作加以弥补。相对于媒体、经济等学科的专家泛泛而论的一般大道理,关注这些社会人文热点问题的学科,如人类学、社会学和民族学等学科的参与度还不深,长期在当地从事田野调查的中国学者更是屈指可数。我们认为很有必要的是,相关部门大力引导这些学科的学术机构和学者将相关研究重心转向"一带一路"区域和国家,特别要鼓励他们从事长期的田野调查工作,接触当地政府、工会、行会、宗教团体和环保组织,获取基层社会的第一手信息,建立良好社会关系。同时,鼓励国内学术机构/智库与中国企业建立"一带一路"合作平台机制,为企业进入当地社会、开展经济生产活动提供评估、咨询和建议,为中国企业"走出去"提供持续性的智力支持。此类平台机制还可邀请"一带一路"国家的学术机构、智库和学者参与合作。条件成熟后可依托中国驻外商业/企业协会或当地的学术/民间组织,在这些国家设立实体机构,采取商业化运作模式,降低政治敏锐性,形成自我发展的良好机制。

(执笔人:王延中、方素梅、吴晓黎、李晨升)

阿富汗的族际关系问题与国家重建

　　我国西部重要的邻国阿富汗①，是"一带一路"联通中东、中亚、印度次大陆和远东所经过的重要节点国家。帕米尔山脉的延伸将中国与相关地区连接起来。②阿富汗与我国的交往历史，可上溯至两千多年前的汉代。当时，张骞曾两度到达古阿富汗地区，打通了从我国经阿富汗通往中亚、西亚和地中海国家的道路。唐代玄奘曾两度到达古阿富汗地区，在其所著的《大唐西域记》中较为详细地记载了当地的自然环境和社会概貌。今天，作为潜在的重要区域贸易枢纽，以及世界范围内仅有的矿产资源超过1万亿美元的五国之一，阿富汗在经济、安全方面对"一带一路"建设的推进具有至关重要的影响。随着作为庞大基础设施项目网的"一带一路"建设的推进，越来越多的中国企业和组织对阿富汗的投资环境和社会状况开始给予关注。同时，阿富汗也希望在"一带一路"建设中充分发挥自身的地缘优势，抓住历史发展机遇，在政治、经贸、文化、思想互鉴和城市发展等领域加强同中国的交流与合作。

　　同时，阿富汗又是一个战火长燃、多族际关系复杂的国家。两百

---

　　① 通常认为，阿富汗在历史上曾约有三个名称：古代称谓为阿亚那（Aryana），中世纪称谓为呼罗珊（Khurasan），近代以来的称谓为阿富汗（Afghanistan）。关于阿富汗斯坦的名称最早出现的时间尚无定论，有的学者把唐代慧立彦的《大慈恩寺三藏法师传》中所记载的"阿薄健国"，看成最早提到阿富汗斯坦的根据。有关"阿薄健国"的描述可参见（唐）慧立彦著，孙毓棠等点校《大慈恩寺三藏法师传》，中华书局1983年版，第115页。

　　② Fazal-Ur-Rahim Marwat, *The Evolution and Growth of Communism in Afghanistan* (1917 – 79)*: An Appraisal*, Royal Book Company, Karachi, 1997, p. xiii.

多年间，阿富汗人民始终未制止血雨腥风的肆虐，长期饱受贫病交加、生离死别的煎熬。特别是自 1979 年以来，可谓备尝战争之苦。直至当下，阿富汗仍有战火。作为一个族际关系复杂的国家，阿富汗的族体结构也比较复杂，其中"历史性族裔群体"人口所占总人口的比例比及其分布范围，都比较令人注目。有学者认为，阿富汗境内的居民分属于 50 个族体。①

阿富汗地处亚洲大陆中心地带，在地缘政治中具有重要的战略意义，阿富汗局势变化所产生的影响，往往超越国界形成地区意义。阿富汗多年来的动荡局面使其成为国际社会持续关注的热点。探求阿富汗实现和平的途径，并从阿富汗经久不休的纷争中吸取教训，对于多民族国家，尤其是阿富汗周边国家的安全与发展来说具有重要意义。

中外学界已从诸多角度对阿富汗进行了研究和介绍，并取得了一定的成果，积累了大量宝贵的资料。西方学者、观察家、外交家、记者和一些机构，似乎更倾向于从历史学、政治学、社会学和时事报道方面研究介绍阿富汗的冲突。② 比如有人将阿富汗内战旷日持久的原因仅仅看作冲突各方领导人私欲膨胀的结果。③ 有人则单纯强调阶级矛盾对阿富汗动荡局势的影响。④ 自中华人民共和国成立以来，国内

① 参见 Barbara F. Gimes, *Ethnologue*, Summer Institute of Linguistics, 1996。国内学者对阿富汗境内族体数量有不同的看法，有人认为是 30 多个，参见李颜夫、王恩庆等编著《世纪各国民族概览》，世界知识出版社 1993 年版；有学者认为是 21 个，参见彭树智等《阿富汗史》，陕西旅游出版社 1993 年版。

② 参见 Helena Malikyar, "Development of Family Law in Afghaistan: The Role of the Hanafi Madhhab", *Customary Practices and Power Politics*, *Central Asian Survey*, Vol. 16, No. 3, 1997; Micheline Centlivres-Demont, "Afghan Women in Peace, War and, Exile", in Myran Weiner and Ali Banuazizi (eds), *The Politics of Social Tranformation in Afghanistan*, Iran and Pakistan, Syracuse, 1994; Kakar, Hasan Kawun, *Goverment and Society in Afghanistan: The Reign of Amir' And al-Rahman Khan*, Awtin, Texas, 1979; Kamali, *Mohammad Hashim*, *Law in Afghanistan*, Leiden, 1985; Leon B. Poullada, *Reform and Rebellion in Afghanistan*, *1919 – 1929*, Ithaca, New York, 1973。

③ Anders Fnge, "Afghanistan after April 1992: A Stuggle for State and Ethnicity", *Central Asian Survey*, Vol. 14, No. 1, 1995.

④ Hafizullah Emadi, "The State and Rural-based Rebellion in Afghanistan", *Central Asian Survey*, Vol. 15, No. 2, 1996.

学者对阿富汗的研究日益增多，出版了一些专著，发表了一些文章。①
我国老一辈世界民族学者从 80 年代开始对阿富汗进行了基础性研究，
并取得了开拓性的成果。② 但是，人们从阿富汗族体人口特点出发所
作出的相关思考，似尚存一定可供努力的空间。有鉴于此，我们试图
从族际关系的视角，对阿富汗动荡局势作点滴探讨，以期可使更多的
人关注阿富汗问题，并为有关阿富汗早日实现各族团结、社会和谐的
路径，以及为我国政府相关政策的制定等问题的深入思考，提供点滴
理论参考和个案支持。

一　阿富汗族体结构的形成

多年来，关于阿富汗各族的起源问题众说纷纭。大多数学者认
为，阿富汗各族古已有之，是比较稳定的文化单位，后被人为地设置
了族际边界，并在数百年里不断卷入冲突。反对这一观点的人则认
为，阿富汗各族大多是在 20 世纪形成甚至"创造"的，其族源不可
视为阿富汗族体身份认同的参考。③

值得注意的是，"民族"一词在 19 世纪仍未走入阿富汗各族的政
治和文化生活。许多学者在描述阿富汗人口的民族结构时，都使用了
部落、准部落和部落联盟等民族共同体的称谓。有人甚至将"种族"
等同于阿富汗"民族"，并将阿富汗居民分为 8 个主要"民族"，即

---

① 参见对外文化联络委员会、中国美术家协会同编《阿富汗绘画艺术展》，北京 1963
年版；《各国概况》编辑组编：《各国概况》，世界知识出版社 1979 年版，第 255—260 页；
李泽民编著：《阿富汗风云——从查希尔到卡尔迈勒》，时事出版社 1984 年版；彭树智等：
《阿富汗史》，陕西旅游出版社 1993 年版；马晋强编写：《阿富汗今昔》，云南大学出版社
1993 年版；孟淑贤主编：《各国概况》（西亚），世界知识出版社 1997 年版；岳永红：《阿
富汗局势及其影响》，《国际观察》1996 年第 6 期。

② 李毅夫、王恩庆等编著：《世界各国民族概览》，世界知识出版社 1986 年版，第
40—45 页；李毅夫、赵锦元主编：《世界民族大辞典》，吉林文史出版社 1994 年版，第
282、283、381、386、484、529、655 页。

③ Nazif Mshahran，"State Building and Social Fragmentation in Afghanistan：A Historical
Perspective"，In Ali Banuazzi & Myron Weiner（eds.），*The State，Religion，and Ethnic Politics：
Afghanistan，Iran，and Pakistan*，Syracuse：Syracuse University Press，1986，pp. 23 – 74.

帕坦人（普什图人，Pushtun，Pakhtun，Pushtuns）、优素福扎伊人（Yusufzai）、阿夫里迪人（Afridi）、哈塔克人（Khattak）、达塞人（Daticae）、吉尔吉斯人（Ghilji）、塔吉克人（Tajik）和哈扎拉人（Hazara）。这些族体中的大多数今天都被打上"普什图标签"。①

直到20世纪中叶，西方学者才开始根据语言、宗教、文化等方面的差异，将阿富汗各族加以识别。法国人类学家根据阿富汗社会结构的变化，第一次使用了"族群（groupe ethnique）"一词，并将阿富汗各族分为若干群体。② 20世纪50年代，有学者将阿富汗各族的分类名称引入英语文献，并根据文化习俗等创建了族体分类标准，以期能够"比较准确地识别"族际界限，并由此识别出努里斯坦人（Nuristani）、帕夏人（Pashai）、阿伊马克人（Aimaq）、塔吉克人（Tajik）、山地—塔吉克人（Mountain-Tajik）等。③ 在对阿富汗各族进行识别的过程中，出现了大量西方学者具有主观想象成分的思考。比如，"塔吉克"一词，用于社会交往时，适于指称不属于普什图人、哈扎拉人的群体或个人，体现一种反对族体歧视的观念，同时，塔吉克族适用于所有讲波斯语的逊尼派村民或没有部落背景的部分城市居民，塔吉克族建构的共有历史信念基础因此难以得到巩固和加强，帮派分立、相互倾轧的现象时有发生。

阿富汗的土著人口很少，也未能形成具有"共同特质"的民体文化。④ 长期充任世界几大列强争夺的"猎物"的结果之一，是使其境内至今没有形成人口占绝对多数的族体，人口最多的两个族体均未超过总人口的25%，另外有五个族体人口均占总人口的5%左右。从历史上看，雅利安人、波斯人、土耳其人、莫卧儿人和印度人都征服过

---

① 参见 Henry Walter Bellew, *The Races of Afghanistan: Being a Brief Account of the Principal Nations Inhabiting That Country*, Calcutta, 1880。

② 参见 R. Dollot, "Afghanistan: histoire, description, moeurs, et coutumes: folklore, fouilles", *Istorija Afganistana*, Vol. 2, 1937, Paris: Payot V. M. MASSON & V. A. ROMODIN, Moskwa, 1964/65。

③ 参见 Wak Foudation for Afghanistan, *The Ethnic Composition of Afghanistan. A Six Year Survey and Research* (1991 – 1996), Peshawar, 1999。

④ Louis Dupree, *Afghanistan*, Oxford University Press, 2010, pp. 57 – 65。

阿富汗，他们的后代遍布于今日阿富汗版图之内。因此，在阿富汗同一个省份看到北欧、南亚、东亚和南欧人的后裔都是很常见的现象。依据语言、宗教等差异而确定的族际界限，该国四个主要族体分别是普什图人、塔吉克人、哈扎拉人和乌兹别克人。有学者认为，在过去相当长的时间里，"阿富汗的北半部一直是波斯的一部分"①。在1747年杜兰尼帝国②崛起之前，民族志中的"阿富汗"或"阿富汗斯坦"开始成为族体的名称。③ 虽然，当时法国人类学家将阿富汗人分为几个族体，但是直至19世纪，"阿富汗族"开始正式被用于文献中。需要指出的是，在20世纪中期之前，"西方学界和政府尚未根据语言、教派、文化等方面的差异，为阿富汗社会的族体类别作出系统的划分。"④

杜兰尼帝国建立后，在奥克斯河和印度河之间的族体结构出现了变化。当时被称为"普什图人"的族体占了阿富汗人口的绝大多数。在阿契美尼德帝国⑤灭亡之后，曾有多个国家在现在的阿富汗领土上起起落落。⑥ 阿富汗的族际关系所呈现的复杂性和多样性，使其成为该国内战不断的主要导火索之一。阿富汗各族在这一地区生活了5000

---

① Benjamin Dubow, *Ethnicity, Space, and Politics in Afghanistan*, Urban Studies Programme, Senior Seminar Papers, University of Pennsylvania, 2009, Retrieved from http：//repository. upenn. edu/senior – seminar/13.

② 杜兰尼帝国是18世纪仅次于奥斯曼帝国的第二大伊斯兰强国。1747年，由普什图人中的阿布达里部落萨多查伊部首领杜兰尼创立，是阿富汗历史上的第一个独立政权。全盛时期领土包括今阿富汗、巴基斯坦、伊朗东北部和印度旁遮普东部。

③ Anthony D. Smith, *The Ethnic Revival*, Cambridge University Press, 1981, p. 66.

④ Hafiz Boboyorov, Henerik Poos & Conrad Schetter, "Beyond the State-Local Politics in Afghanistan", *Bonn Centre for Development Research* (ZFE), 2009 (Feb. 26 – 28), Retrieved from http：//www. zef. de/fileadmin/webfiles/downloads/projects/amudarya/pdf_ Formate/Bericht_ zum_ Symposium_ Beyond_ the_ State_ – _ Local_ Politics_ in_ Afghanistan_ _ ZEF_ Bonn_ _ 26. 02. 09_ – 28. 02. 09_ . pdf

⑤ 阿契美尼德帝国又被称为"波斯第一帝国"，古波斯地区第一个横跨欧亚非三洲的帝国。鼎盛时期的领土疆域，东起印度河平原、帕米尔高原，南到埃及、利比亚，西至小亚细亚、巴尔干半岛，北达高加索山脉、咸海。公元前330年，被马其顿王国亚历山大大帝所灭。

⑥ Amin Saikal, *Modern Afghanistan：A History of Struggle and Survival*, Fifth Avenue, New York, 2006, pp. 17 – 18.

多年，并多次联合起来反对大英帝国和苏联等大国势力的入侵，为捍卫其国家独立而展开了不懈的努力。阿富汗的地理战略位置不断吸引世界列强为了赢得或保护各自利益，反复利用族际矛盾在阿富汗境内挑起族际冲突。其族际关系的复杂和多样特性因此不断得以加强，并成为阿富汗主权国家进步的障碍。同时，不同族体之间在"宗教、意识形态、经济、居住地理环境和语言"等方面差异的长期存在，也使各族的特性得到不断强化。

二　阿富汗族际关系的特点

从广义上讲，"历史性族裔群体"是指因政治疆界与族体分布不相吻合而跨境居住的族体。我们所谓"历史性族裔群体"不是具有政治人类学意义的概念，特指那些因传统聚居地被现代政治疆界分隔而居住于毗邻国家的族体。相关族体本身及其传统聚居地被政治疆界所分隔是这种特殊的人类共同体不可缺少的特征。从这个意义上说，"历史性族裔群体"的产生通常与一定的地理环境紧密相关。阿富汗"历史性族裔群体"的人口数量和分布范围与其所处的地理位置具有不可分割的关系。阿富汗的地理位置几近于亚洲大陆的中心。其东北通过"瓦罕走廊"同我国有92公里的共同边界线，东部和东南部与巴基斯坦为邻，西部同伊朗接壤，北部和土库曼斯坦、乌兹别克斯坦及塔吉克斯坦三个中亚伊斯兰国家相连，其边界总长度达2300余公里，这为阿富汗成为中亚"历史性族裔群体"聚居区创造了重要条件。

阿富汗境内几个人口较多的族体大都是"历史性族裔群体"。其"历史性族裔群体"人口比例之高、成分之多、分布范围之广以及面貌（从边界地理性质、被分离程度和政治地位等方面体现出的特征）之多彩，在世界其他国家中实不多见。主要表现如下：

其一，阿富汗人口最多的族体（约占阿富汗人口的65%）普什图人，是南亚和西亚的"历史性族裔群体"之一，主要居住在阿富汗东部（41%）和巴基斯坦西部（58%），少数居住于伊朗和印度。从被分割程度看，普什图人属跨两国"历史性族裔群体"；关于其族源，迄今尚无定论。普什图人属欧罗巴人种印度地中海类型，操普什图语。1936 年，普什图语被定为阿富汗国语（达里语，即波斯语也是阿富汗的官方语言之一）；在巴基斯坦则为一重要地方语言。普什图人信仰伊斯兰教，属逊尼派。普什图人共有 400 多大小部落，分属萨克巴尼等五大支系，社会差距十分显著。农牧民多为文盲，山区居民尚处部落社会阶段，城市居民则已步入现代社会，许多人在政府部门和军队中充任要职；但总的说来，普什图人的行为规范、道德准则、风俗习惯和族体心理仍在很大程度上受着传统习惯法"帕赫通瓦里"的制约，同时家族法、各种部落惯例等在普什图人的社会生活中也起着相当重要的作用。① 阿富汗自 1919 年独立后所发生的一系列争夺国家统治权的斗争，主要是普什图人之间的较量。普什图人的政党很多，阿富汗主要的政党中的绝大多数都是普什图人的政党，包括"阿富汗伊斯兰促进会"（Jamiati Islami）、"塔利班"（Taliban，"阿富汗伊斯兰宗教学生运动"）和"阿富汗圣战者伊斯兰联盟"　（Hezbe Ettehad Islami）等。

其二，塔吉克人主要分布在阿富汗的东北部，另外有同等数量的塔右克人居住在塔吉克斯坦和乌兹别克斯坦，还有一部分居住于伊朗、巴基斯坦和中国。塔吉克人属欧罗巴人种印度帕米尔类型，操塔吉克语（属印欧语系伊朗语族，保留着若干伊朗语的特征），保有以波斯—阿拉伯字母为基础的文字。信仰伊斯兰教，多属逊尼派，也有部分属什叶派信徒。从被分割程度上看，塔吉克人属于跨两国以上"历史性族裔群体"；从政治地位来看，属于至少在一国为人口较多的族体，在其他国家为族体的"历史性族裔群体"。

其三，乌兹别克人很早就居住在兴都库什山以北，除阿富汗外，在乌兹别克斯坦、塔吉克斯坦、哈萨克斯坦、伊朗和中国也有乌兹别克人。他们属蒙古人种和欧罗巴人种的混合类型；讲乌兹别克语，信

---

① Helena Malikyar, "Development of Family Law in Afghanistan", *Central Asian Survey*, Vol. 16, No. 3, 1997, pp. 389 – 399.

奉伊斯兰教,属逊尼派。乌兹别克人与塔吉克人属相同类型的"历史性族裔群体"。

其四,土库曼人主要分布在阿富汗北部与土库曼斯坦接壤的地区,属蒙古人种和欧罗巴人种的混合型。土库曼语属阿尔泰语系突厥语族。土库曼人信奉伊斯兰教,属逊尼派。阿富汗境内的土库曼人多为游牧或半游牧民,他们是与塔吉克人、乌兹别克人类型相同的"历史性族裔群体"。

其五,俾路支人,分布极广,东起巴基斯坦的俾路支斯坦和信德省,西至伊朗;北抵阿富汗的赫尔曼德河以南和锡斯坦,南到阿拉伯海,还有一部分居住在阿拉伯半岛。俾路支语受波斯语和普什图语的共同影响。俾路支人过着游牧生活,大多为文盲。从其分布的地理范围看,可属跨陆海"历史性族裔群体";从被分隔状况看,属两国以上的"历史性族裔群体";从政治地位看,属在所有国家均为少数族体的"历史性族裔群体"。俾路支人属欧罗巴人种印度地中海类型,信奉伊斯兰教,属逊尼派。生活在阿富汗境内南部聚居的俾路支人,继续使用自己的语言,并与布拉灰人发生混合;生活在北部地区的俾路支人则受塔吉克人影响较大。

三 阿富汗的族际关系问题

阿富汗"历史性族裔群体"结构的特点比较突出。其最大的族体普什图人本身即是"历史性族裔群体",其境内十余个人口较多的族体大都也是"历史性族裔群体"。阿富汗民族冲突的发生,基本与"历史性族裔群体"不无关系,同时具有通常所谓"历史性族裔群体问题"的某些特性,至少从"影响层面"意义上来说是如此,这也是阿富汗特殊的国情所决定的。

一般说来,"历史性族裔群体"问题的产生是源于相关各族之间某一方面或几方面的差距所造成的背离趋向。同其他类型的人们共同体相比,"历史性族裔群体"的可变性似乎更强一些。他们习惯于把边界另一边的"同族人"当作自己精神和特质的后盾,并随时准备用这一与生俱来的"优势"保护自己，为自己谋求利益，从而向世人昭示本族与众不同的优势和力量；他们还会以被分裂族体的身份出现，举起族体统一的旗帜，以期和同"族人"一起建立自己的国家。从这个意义上说，"历史性族裔群体"问题几乎关系到领土主权问题，并且具有较强的国际化倾向。问题一旦发生，被影响的往往是两个或更多的国家。阿富汗与巴基斯坦间的"普什图斯坦问题"① 大概可以算作这类问题。但是，这毕竟不是阿富汗"历史性族裔群体"问题的全部内容。

阿富汗境内诸多同类族体的上述特点，使阿富汗的"历史性族裔群体"问题不仅具有相关问题的一般性特征，也反映出不少与众不同的表现。大体说来，阿富汗的"历史性族裔群体"问题主要包括以下方面的内容：

其一，各族对自己族体的忠诚超过了对国家的忠诚，他们将对本族利益的获得与保护放在首位，各族的共同利益被束之高阁。普什图人长期正以一种消极的态度面对着滚滚硝烟。他们在反对人民民主党统治和苏联入侵中的表现，远不如在 19 世纪反英斗争那么出色。近年来，阿富汗东部和南部的毒品买卖十分猖獗，一些普什图人从毒品生产和交易中尝到甜头，这部分人不赞成建立强大的国家，不希望出现一个强有力的政府而使其丢掉这桩买卖，同样也不希望别人来分享他们苦心经营的"硕果"。在许多普什图人看来，目前喀布尔斗争的结果如何并无什么意义，"他们曾为争夺国家统治权而厮杀，但却不愿建立起强有力的政府"，这是普什图人在长期纷争中所坚持的传统。② 在其他族体中也存在类似的心理。比如乌兹别克人，他们在相当长的一段时间里"似乎由衷地希望任何一个喀

---

① 1893 年，英国殖民军进犯阿富汗失败后，与阿签订了《有关阿富汗和工边的协定》，用"杜兰线"（Durand Line）把普什图人居住区分成上、下两个部分，分别隶属阿富汗和英属印度两个国家。1947 年，印度、巴基斯坦分治，在英国政府的支持下，通过公民投票将下普什图划入巴基斯坦。阿富汗一直支持下普什图人要求脱离巴基斯坦的独立运动，致使阿巴两国关系长期不和。

② 参见 Anders Fnge，"Afghanistan after April 1992：A Struggle for State and Ethnicity"，*Central Asian Survey*，Vol. 14，No. 1，1995。

布尔政府都尽可能地较弱才好"，因为有力的中央集权政府的出现，显然会威胁到他们与边界另一边同盟们共同的"理想"。① 长期将自己族体的利益置于国家、各族共同利益之上，成为阿富汗"历史性族裔群体"共同存在的问题。

其二，与一般国家的"历史性族裔群体"相比，阿富汗"历史性族裔群体"背离所在国的可能性更大。许多周边国家与阿富汗在经济发展水平上存在的明显差异，对阿富汗的"历史性族裔群体"，尤其是少数族裔产生了强烈的诱惑，也进一步引发了他们对现实处境的不满。在这种情况下，接受在边界另一方同胞的"援助"，并与之结成"盟友"似乎便成为"顺理成章之举"。在与"盟友"的关系不断加强的同时，相关"历史性族裔群体"与所在国的关系却逐步疏远了。有人指出，乌兹别克民兵武装实是一支由乌兹别克斯坦武装起来的队伍。在盟友的支持下，乌兹别克武装领导人曾经表明，喀布尔政府应由乌兹别克人来领导。② 类似的例子很多，塔吉克斯坦与马苏德领导的以塔吉克人为主的政府军的关系，也可以说明这个问题。

其三，阿富汗境内的任何"历史性族裔群体"都难以独立承担起结束其社会动荡的责任。在 1994 年塔利班崛起之前，普什图人已显得相当衰落。他们在内战中所表现出的"中立"，既不是出于国家统一的考虑，也不是想制定内聚性政策，实在是无奈之举。塔利班的突然出现超出了许多人的意料，但只须稍加思考便会明白，塔利班不过是以美国为首的国际力量想加以利用的一杆枪罢了。力量日益强大起来的塔吉克人亦无力承担制止内战的任务。当然，他们似乎也没打算那么做，但即使他们真的打算去做此事，亦基本可谓"有心无力"。普什图人和塔吉克人难以做到的事，让其他族体来完成则是不现实的。2021 年 9 月，塔利班方面宣布成立临时政府及一些重要人事安排，力图结束阿富汗的无政府状态，塔利班领导人表示，成立临时政

---

① 参见 Barnett Rubin, "Afghanistan in 1993, Abandoned but Surviving", *Central Asian Survey*, Vol. XXXIV, No. 2, 1994。

② 参见 Gilles Dorronsoro and Chantal Lobato, "The Militia in Afghanistan", *Central Asian Survey*, Vol. 8, No. 4, 1989。

府是为了尽快恢复社会和经济秩序。但是，阿富汗境内反对塔利班力量的部队，仍然控制着整个山谷的所有战略位置，战斗仍在继续。

四 阿富汗的族际关系问题与国家重建

结束阿富汗内战、使阿尽快实现和平，不仅是国际社会的普遍愿望，也是世界历史发展的必然要求。我们分析一下阿富汗"历史性族裔群体"问题对其内战的影响，从中或许可以对结束阿富汗内战的途径有所启迪。总体上讲，阿富汗"历史性族裔群体"问题对其社会长期动荡的存续，主要有以下几方面影响：

其一，阻碍了阿富汗经济的发展，为其社会冲突的爆发和持续存在创造了重要条件。

由于历史等方面的原因，长期以来普什图人一直操纵着阿富汗的政权。普什图统治阶级从其自身利益出发所制定的国家发展计划，通常是权宜之计。这不仅有悖于广大少数族体的利益要求，也刺伤了普什图中下层群众的感情，同时严重破坏了阿富汗的经济发展，从而为旷日持久的内战的出现提供了重要的前提。

阿富汗是贫穷落后的农业国，1971 年联合国将其列为最不发达的国家之一。全国人口的 80% 为从事农业劳动的农民，他们生活贫困，深受封建剥削。自阿富汗独立以来，农民的反抗情绪始终保持着高涨的势头。阿富汗土地集中的程度相当严重。估计全国有农业用地 791 万公顷，其中良田仅为 14 万公顷。[1] 其中 70% 属于地主、政府要员和富商所有，约 10% 为政府和宗教机构所掌握，农民仅拥有全部土地的 20%，70% 以上的农民没有土地。[2] 在拥有土地的农民中，1/5 的人（230 万个家庭）拥有 2—6 公顷的小块土地，绝大多数人（约 92 万个家庭）拥有不足 2 公顷的土地，其中一半以上（72 万个家庭）拥有不到 1 公顷的小块土地。在阿富汗，这点土地是

---

① Afghanistan, *Ministry of Planning*, *Agriculture in Figure*, December, 1978, p. 28.

② 参见 Hafizu llah Emadi, "The State and Rural-based Rebellion in Afghanistan", *Central Asian Survey*, Vol. 15, No. 2, 1996。

难以满足一个农民家庭基本生活需求的。① 贫穷无地或少地的农民被迫在大地主的农庄中充当须交纳"谷物租"的佃农，他们一般要将收获物的80%交给地主。70年代后期以来，阿富汗29个省中有16个省都在实行这种土地租佃制。② 佃农们除了要向地主交谷物租外，还必须向地主提供多种服务，如修路、疏浚河道和家务劳动等，更让他们无法忍受的是政府要其交付的苛捐杂税。③ 比如有关饲养动物应按只交纳的"生命税"等。④ 生活的贫困迫使广大农民群众往往寄望于各种反政府力量。对普什图族统治者来说，贫困的农民是威胁其统治的重要因素，为保护自身利益，他们不得不把解决贫困人口的生存问题列入政府的议事日程。这就使得政府所实行的一系列有关政策，难免不是带有狭隘"族体性"的权宜之计。

阿富汗还有"缓冲器"（Buffer）之称。由于在地缘政治中的特殊位置，阿富汗长期以来一直是超级大国争权夺利的地方。为维护自己的统治，普什图族各届领导人一向依赖国外力量的支持，当然其族体集团自身亦无能力走独立自主的发展道路。这就决定了阿富汗政府所采取的有关政策不能不带有取悦大国、脱离国情的倾向。

上述情况注定了普什图族统治阶级所制定的一系列"国家现代化计划"，从其诞生之际起便是个"畸形儿"。它们不仅不能实现政策制定者"稳定社会"的初衷，而且阻碍了阿富汗经济的正常发展，各族群众的生活更加困苦，感情受到严重挫伤，普什图族下层群众的处境也并未因政府有关政策的实施而有所改善。这样，在非普什图族的反抗、分离情绪日渐高涨的同时，普什图人内部的分裂之势也逐步发展起来，社会冲突的物质力量便由此而形成。主要表现如下：

一是阿富汗政府从西方引进的税收体制导致了各族民众生活的普

---

① Vladimir Glkhoded, *Afghanistan: Past and Present*, Moscow, 1981, p. 24.
② Louis Dupree, *Afghanistan*, Princeton University Press, 1973, p. 147.
③ 参见 Hafizullah Emadi, *State Revolution and Superpower in Afghanistan*, New York, Praeger Publishers, 1990。
④ Harvey H. Smithetal, ed., *Area Hand Book for Afghanistan*, Washinaton D. C.: US Goverment Printing Office, 1973, p. 364.

遍下降，商人和中小地主也对政府的做法表示愤慨，只有少数普什图人从中受益。1919 年阿富汗独立后，阿曼努拉（Amannulah）国王政府制订了一个又一个国家发展计划，力图根据欧洲国家发展模式完成国家的现代化建设。为获得财政力量和西方盟友的支持，从西方引进了一套新的税收体系，以求建立阿富汗有史以来第一个中央集权的金融体制，使中央政府有效地控制国家的财力，其主要手段是提高国内各种税收。[①] 在不到一个月的时间里，政府有关房屋、乡村礼仪、土地及战备武器等新税法及其相应的有关机构纷纷出台，而且所有的一切都被贴上了"为国家发展所需"的标签。一时间"税收官似乎比纳税人还要多"，把持政府大权的普什图人上层自然不会放过新税官的肥缺。在新税法颁布和实施不久，人们便开始注意到他们交付了本可以不付的税款，许多人在寒冷的冬天为了筹措新的土地附加税而四处奔波。[②] 不满情绪在一部分商人、地主和宗教界人士中蔓延开来。他们不仅认为政府的新税过于苛重，而且觉得这种金融体制是对穆斯林关于高利贷和利润教诲的诅咒。1929 年，不满政府新税制的人们集结起来，推翻了阿曼努拉政府。但随之上台执政的哈比布拉（Habibullah）政府仍未能处理好普什图族与其他族体之间的关系，也未能把普什图族各部落集团充分团结起来，9 个月后哈比布拉在穆罕默德·纳迪（Mahammad Nadir）将军领导的政变中被处死。

二是阿富汗政府为获得外援，曾长期盲目从国外引进项目，并实行向普什图人倾斜的土地改革政策。占据政府要职的普什图族官员们大都出身于大土地所有者家族或与之有千丝万缕的联系，他们对土地改革并无兴趣。但出于统治需要，他们制定了"土地发展计划"，为无地、少地的人们安置一方生存空间。为获得美国的支持，1945 年阿政府将开发希尔曼德谷地（Hilmand Valley）的计划交由美国莫里逊·卡努德森公司（Morrison-Knudsen Company，MKC）实施。1952

---

① 参见 Leon B. Poullada，*Reform and Rebellion in Afghanistan：State Formation and Collapse in the International System*，New Haven，Yale University Press，1995，p. 65。

② 参见 Roland Wild，*Amanullah，Ex-King of Afghanistan*，London，1932。

年该公司建成了一座 145 英尺的蓄水坝，蓄水量达 38.8 万英尺。① 纳
迪·阿里区（Nadi Ali District）是此项"土地发展计划"实施中首批
建成的农业实验区，有"阿富汗的纽约"之称，许多无地、少地的农
民都将之视为自己的"新大陆"。试验区建成后，政府不顾少数民族
民众的要求，将一批批普什图人安置到这一地区生活。根据政府有关
规定，移居者在 20 年内向国家交付 160 美元便可获得在实验区中最
初分得的土地，这对贫困的农民们来说似乎是一种诱惑。然而，3000
多户普什图人家庭进住该实验区不久，便感到自己已成了政府权宜之
计的牺牲品。政府用媒体炒热的"实验区"，不过是一个盲目上马
"应付形势"的项目。政府事先并没有组织人员对这一地区的环境、
土壤等进行认真的调查，也没有对实验区内部的设置和规划予以切实
的研究。移居者得到的是易于盐碱化的土地，且数量有限无法养活一
个家庭；另外房屋和田地之间的距离通常在 4 公里以上，移居者生
产、生活十分不方便。被安置的 3000 个普什图人家庭纷纷逃离"新
家"到异地谋生。② 为了使更多的普什图人得到土地，政府还将一部
分贫困的普什图人迁移到乌兹别克、土库曼和塔吉克等非普什图族的
聚居地区，强迫非普什图族土著居民离开家园，剥夺他们的土地所有
权。③ 政府的这些举措不仅引起其他族裔对普什图人的不满，也使普
什图人下层群众对上层统治者感到失望。

三是阿富汗政府所采取的一系列"各族共享其利"的措施，大多
不过是政府为自己佩戴的一条"红领带"。20 世纪 50 年代，国家
"农业与村舍工业银行"和国家"化肥公司"建立起来，前者旨在以
4%—5% 的利率向农户发放短期贷款，帮助他们购置现代化的农业设
备；后者旨在帮助人们使用化肥提高农产品产量。由于这些机构的信
贷对象多是大农场主，小土地所有者难以接近这些机构，而广大无地
农民即使他们有幸得到贷款，最终也大都因无力还债而破产，似乎根

---

① 参见 Louis Dupree, *Afghanistan*, Princeton, Princeton University Press, 1973。
② 参见 Ralph Miliband, "State Power and Class Interest", *New Life Review*, 1983。
③ 参见 Hafizullah Emadi, "The State and Rural-based Rebellion in Afghanistan", *Central A-sian Survey*, Vol. 15, No. 2, 1996。

本未被列为帮助对象。在苏联等国家的帮助下，政府还在加拉阿巴德（Jalal Abad）谷地建立了几个农场，一些无地农民被安排到农场中工作。比如，在苏联人创办的两个柑橘农场就业的 9000 多人中，从前大都为无地农民。但是对于成千上万的无家可归者来说，此举不过是杯水车薪。阿富汗政府的这些举措被人们戏称为"红领带"，它或许曾让某些大国对阿政府产生过好感，却激起了各族人民对政府的强烈不满。1969—1972 年阿富汗所发生的特大旱灾，造成了经济形势的进一步恶化，据估计有 50 万人死于饥饿，100 多万人逃向伊朗。1971 年，阿富汗各族体群众都举行了反政府的示威游行，最终导致了君主制的灭亡，为 1973 年以穆罕默德·达乌德为首的共和国的诞生铺垫了道路。

四是阿富汗政府实行的"进步的土地改革计划"和"革命的土地改革计划"，成为把各族农民塑造成反政府力量的重要条件。为给新的官僚组织创造一个"良好"的开端，达乌德政府一上台便宣布实行一项"进步的土地改革计划"，并随之成立了"土地改革局"，主管有关土地所有权和土地租赁情况的调查与登记工作。1975 年 7 月，该局颁布了"土地改革通告"。政府土地法规定，每个家庭最多可拥有 20 公顷良田和 40 英亩贫瘠土地；超出该限额的土地由国家收回，25 年后偿还，同时给予一定数目的货币补偿；土地所有者也可直接将应被政府收回的土地出售给无地农民，并在 25 年间从农民手中收取与"政府补偿金"等额的货币。一年后官方宣布有 5371 个家庭得到了土地，有 3.2 万人从中受益。事实上，这项改革并未使从前的土地所有权发生多少变化。一方面，政府有关工作人员在土地登记过程中，纷纷利用职权中饱私囊，他们在收取地主的贿赂后，将地主的两类土地以低于最高限额的数量登记入册。例如，乌鲁兹干省（Uruzgan）的政府官员在土地登记期间收取地主贿赂高达 20 万美元。另一方面，大地主利用其社会影响，设法以某些亲戚或继承人的名字登记其财产，使他们在登记册上留下的土地数远远低于官方规定的最高限额。[1]

---

[1] 参见 Theda Skocpol, *State and Social Revolution*, Cambridge University Press, 1979。

1978 年 4 月，塔拉基通过军事政变上台执政。为巩固刚刚取得的政权，塔拉基决定实行"革命的土地改革"，力图得到广大农民的拥戴。1978 年 11 月颁布了土地改革法令，规定每个家庭拥有土地的最高限额为 6 公顷良田。超过限额的土地由国家无偿没收，再无偿地分给农民。原属王室和国家的土地，除国营农场占用外，亦无偿分给农民。但是，此番土地改革并未能有效地开展起来。大多数土地抵押协议都是以口头合同为基础，各地可供用作确定土地所有权或土地抵押情况的文件记录数量十分有限；即便能够找到有关的文件，得到的数据也是不真实的，地主通常用他们儿孙的名字登记土地，他们在文件上登记的土地数量远远低于官方规定的最高限额。虽然政府声称在 1978—1982 年间已将大约 68 万公顷的土地分发给 315 万多无地农民，一些农民虽然得到了政府颁发的土地契约，但是由于没有得到肥料、种子或相应信贷能力等方面的支持，仍然得依靠封建土地所有者的帮助进行生产，贫苦农民对封建土地所有者的依赖状况仍未被打破。政府土改的无力使各族人民十分蔑视土改政策，并对政府感到失望，一些人烧掉了政府颁发的土地所有权证明，还有部分"虔诚的伊斯兰教徒"因宗教信仰使其认为无偿占有别人的财产是对教义的背叛，也同样处理了刚刚得到的土地所有权证明。[①] 阿富汗政府所采取的上述举措，阻碍了国内经济的正常发展，扩大了非普什图族与普什图族的冲突，加深了普什图人不同利益集团的矛盾，加剧了一些"历史性族裔群体"的背离情绪，从而为阿富汗内战的爆发与延续创造了重要条件。

其二，加剧了党派纷争，使旷日持久的内战具备了重要的"生存"前提。

阿富汗各族有限的实力和对诸族共同利益的淡漠，广大各族体群众反政府情绪的高涨及其对能够代表其利益政党的渴望，为各种名目的政党、不同面貌的政治家登台亮相提供了契机。事实上，除了相关

---

① 参见 Hafizullah Emadc，"The State and Rural-baed Rebellion in Afghanistan"，*Central Asian Survey*，Vol. 15，No. 2，1996。

政党似乎根本难以代表广大民众的利益，这就使其举措难以不违背国家和各族人民的共同利益，难以不带有极端主义的倾向。每个政党似乎都有明确的纲领，如"以新的社会意识武装头脑""建立伊斯兰国家"，以及"建设和平、稳定的伊斯兰国家"等，但其所采取的行动却让人们感到其手中高举的旗帜似乎只是个幌子。有人甚至指出，阿富汗各党派领导人"不断膨胀的私欲是阿战火长燃的唯一驱动力"①。

阿富汗党派纷争的加剧，使旷日持久的内战具备了重要的"生存"前提。主要表现如下：

一是阿富汗人民民主党在执政期间所实行的极端的"社会改革政策"引起人民的普遍不满，进一步加剧了社会的分裂和对抗局面。为巩固自身统治，该党对持不同政见者实行法西斯式统治。人民民主党的"忠诚分子"一旦发现有对该党统治心怀异议的人，便以"叛徒""反革命分子"的罪名将其看管起来并寻机处死。"大赦国际"（Amnesty International）于1979年11月16日披露：阿富汗某要员向其提供了1份1.2万名政治犯名单，名单上的人均在1979年4月死于喀布尔监狱；受害者来自各行各业，包括白领阶层、蓝领工人、学生、侍者、宗教领袖、店主、农民等；死者中还有800名儿童，他们唯一的罪行是他们的亲属是政治犯。那些因此失去丈夫的妇女由于请求政府官员告知亲人的去向而受到谩骂和羞辱，当失去儿子的父亲问及他们儿子的去处时，得到的答复是"他们已加入巴基斯坦反革命阵营中去了"②。为显示自己的力量，该党打着鼓舞人们"用新的社会意识武装头脑"的旗号，开展了"扫盲运动"。年轻的党员们在村镇里用强制性的手段迫使妇女们参加政府组织的夜校学习。为加强自己的统治，它对主要大城市实行了恐怖管理，秘密警察可随时对"可疑分子"及其家人和住宅进行袭击和搜查，妇女因此受辱的事件时有发生。尽管该党领导人曾一度坚持否认此类报道的真实性，但后来屈于

---

① 参见 Anders Fänge，"Afghanistan after April 1992"，*Central Asian Survey*，Vol. 14，No. 1，1995。

② 参见 Hafizullah Emadi，*Politcs of Pevelopment and Women in Afghanistan*，New York，1993。

国际舆论的压力，采取了一种"折中"方案：承认该党自执政以来，确曾发生过一次"令人不愉快的事件"，几个盗贼袭击了一所民居并骚扰了这家人，只是"我们至今尚未决定应如何惩罚这些盗贼"①。

二是诸党派为了各自利益不断分化组合结成各种联盟，从而使阿富汗的冲突一波未平一波又起。作为阿富汗主要政党之一的"伊斯兰促进会和伊斯兰党"，在1992年4月由苏联扶植上台的纳吉布拉政权垮台后，成为参与阿富汗内战的两大主要派别。两党均为普什图人的政党，前者在塔吉克人中有着较广泛的族体基础，但两党分歧并非源于族体关系问题。② 20世纪60年代，它们曾是联合的整体，拉巴尼和希克马蒂亚尔同为反政府组织成员。在反对人民民主党统治的斗争中，由于利益之争两派开始出现矛盾且冲突不断加深；1977年分裂成两个独立的政党。从表面上看，两党的分歧似乎难以理解，但只要了解两党的真正目的，则自然会知道其根源所在。"伊斯兰促进会"和"伊斯兰党"都把建设"伊斯兰国家"作为自己的目标，当然它们所使用的概念是否具有共同的内涵的确还是个问题。希氏一方坚持政治行动是判断一个穆斯林合格与否的根本标准；拉氏一方则力图在穆斯林中组织起广泛的联盟。应该注意的是，这种分歧只是表面的，真正的矛盾焦点体现在两者"共同目标"表象背后隐藏的难以示人的动机，即两党都旨在把阿富汗建成彻头彻尾的中央集权国家，任何一方最后的胜利都可能意味着对手的彻底灭亡。事实上，即使是希氏和拉氏本人，似乎也难以说清他们在意识形态领域中的差别；他们的另一共同点还有，能够无动于衷地面对战争给平民带来的痛苦和灾难。尽管两党都曾一再表示过战斗到底、绝不妥协的决心，但出于自身利益考虑，他们似乎很容易接受从"对手"到"战友"的角色变化。20世纪90年代初，参与阿富汗内战的武装派别主要有两大派，一派是以拉希德·杜斯塔姆领导的乌兹别克民兵与以普什图人为主的伊斯兰党希氏派和以哈扎拉人为主的伊斯兰统一党（Hezbi Wahdat Islami）

---

① Afghanistan, *Democratic Republic of Afgtanistan's Annual*, Kabul, 1979, pp. 81 – 89.

② 参见 Anders Fänge, "Afghanistan after April 1992", *Central Asian Survey*, Vol. 14, No. 1, 1995。

组成的反政府联盟；另一派是支持拉巴尼政府的阿卜杜尔·拉苏尔·萨亚夫领导的以普什图人为主的伊斯兰党联盟。1994 年 11 月，一支反政府武装塔利班在坎大哈省崛起，阿富汗境内出现了"三足鼎立"的局面。1996 年 9 月 26 日，塔利班以"闪电般的速度"占领了首都喀布尔，处死了前总统纳吉布拉及其兄弟，总统拉巴尼、总理希克马蒂亚尔被迫从首都撤离。塔利班在战斗中沉重打击了希氏派的军事力量，同时壮大了自己的军事实力，一时间成为阿富汗各派中实力"最强"的一支武装力量。塔利班的异军突起，打破了阿富汗的内战格局，两股力量不得不联合起来与塔利班抗衡。这种党派间的分化组合无疑会造成阿富汗冲突的进一步复杂化和激烈程度的加深，20 世纪末阿富汗休战的可能性因而变得更加微小。近年来，一方面，阿富汗政府不同政治势力之间再次升温；另一方面是塔利班利用美军和国际联盟撤出的情况升级对政府军袭击。从某种程度上说，塔利班和阿富汗其他政治力量似乎没有充分吸取阿富汗战争留下的教训和经验，仍然不时坚持 20 年前的行动模式。

三是 1996 年 9 月，在外界的帮助下，塔利班成功夺取了阿富汗政权。塔利班上台后所推行的统一、严格的伊斯兰教法与教义，必然以损害少数族体权益为代价，其结果必定使阿富汗纷争不已，甚至出现分裂分治的局面。具有极端原教旨主义倾向的塔利班之所以能登上阿富汗的政治舞台，有其成功的契机。包括普什图人内部为争夺国家领导权厮杀不休；阿富汗其他非普什图族对有关各族共同利益的话题态度淡漠、对来自异邦同胞的支持则寄予较大的热情；各族人民对政府种种举措的强烈不满，对政府信任度的丧失；阿富汗始终没能出现一个强有力的代表各族人民共同利益的政治组织来领导人民开展反政府的斗争。这种"真空状态"为塔利班的崛起创造了重要条件。塔利班力量每占一地便迅速推行极端严格的伊斯兰教法与教义。塔利班领导人公开宣称，无论何人，只要"不以伊斯兰教义及教法为行为准则，就不属于人类"。塔利班至今拒绝和谈，拒绝国际社会的和平努力，他们声称"我们除安拉以外不相信任何人"。2021 年 9 月，塔利班宣布组建新政府。我们尚不能断言，塔利班的上台即预示着阿富汗可实现族体和解，消除族体分裂。

其三，推动了国际社会对阿富汗的染指，为阿富汗和平重建设置了藩篱。

平等和谐的族际关系的实现，是基于族体生存与发展同步性和持续性的存在，当然，现实生活中难以实现各族经济、政治和社会等方面的权力达到绝对公正状态。虽然，阿富汗各族从形式上看在"资源或代表权问题"等相关问题上，似乎并未发生重大冲突。实际上，普什图人长期依据部落联盟管理方式治理主权国家，通过武力把持阿富汗国家上层建筑长达两个多世纪。[①]

由于诸多族体利益的表达或代表性民主处理机制从权力结构场景中消失，阿富汗国家领导阶层关注的只是"利益获得者得到权利和财富的数量"，关于地方主义、部落主义的"神话"遂获得赖以滋生的土壤，"神话的存在感"也因人们难以寻求政治参与机会而不断得到维护。[②] 诚然，阿富汗各族抵抗外来入侵者的历史由来已久，他们为争取国家独立做出的巨大牺牲举世公认。[③] 虽然，我们不能否认至少在阿富汗城市知识分子阶层中存有一定的族体认同意识，但是，这种意识并没有影响到阿富汗广大的农村地区，对农村人口每天的现实生活来说，族体身份认同问题"仍然是无关紧要的，他们的身份认同与其生活密不可分的家庭、氏族、亚部落、部落和地方息息相关"[④]。

阿富汗独特的地理位置使其具有重要的战略地位，列强都希望在这里扩大自己的影响，而阿富汗"历史性族裔群体"问题的特殊性，又为国际社会特别是周边国家寻找在阿富汗的同盟者提供了方便条件。阿富汗冲突各方常常能顺理成章地接受边界另一边

---

① Rais，Rasul Bakhsh，*Recovering the Frontier State*：*War*，*Ethnicity*，*and State in Afghanistan*，Oxford University Press，2008，pp. 17，32 – 35.

② 参见 E. J. Hobsbawn，*Nations and Nationalism since 1780*：*Programme*，*Myth*，*Reality*，Cambridge University Press，1990。

③ 参见 Barnett R. Rubin，*The Search for Peace in Afghanistan*：*From Buffer State to Failed State*，New Heaven and London：Yale University Press，1997。

④ Syed Askar Mousavi，*The Hazaras of Afghanistan*：*An Historical*，*Cultural*，*Economic and Political Study*，Surrey：Curzon，1998，pp. 168 – 174.

"同胞"或"朋友"提供的援助，从而也就具备了打"持久战"的决心和能力。长期的纷争已使阿富汗国力消耗殆尽，但从希克马蒂亚尔和拉巴尼到塔利班都可以立下绝不妥协的誓言。在"友邦"的帮助下，阿富汗现代化武器的拥有量和先进程度与其羸弱的国力形成鲜明的反差。可见，阿富汗从冲突走向真正和平还需要相当长的时间。

苏联解体后，中亚地区出现了五个新的伊斯兰国家。中亚地区战略地位重要、自然资源丰富，这些伊斯兰国家的出现，引起了周边其他国家对这一地区的渗透和争夺。阿富汗国内的族体矛盾和冲突为各相关国家扩大自己在中亚的影响提供了方便条件。这些国家竞相以盟友的身份在阿排兵布阵，以期在此场中亚角逐战中赢得更多的筹码。

"9·11"事件发生后，"美国在对塔利班的战争中，开始尝试结交经过时间考验的敌人的敌人的策略"[①]。阿富汗"北方联盟"[②]作为超级大国的"天然盟友"挺身而出，提供了一切可能的帮助。因为美国和"北方联盟"在粉碎塔利班方面分享共同的利益需求。具有塔利班背景的普什图人，因此对其自身在"后塔利班权力安排中的代表权"的担忧感遂逐步提升。2001年11月，来自塔利班故乡坎大哈的普什图人哈米德·卡尔扎伊出席了波恩会议[③]。但是，此举并未消除相关人群对权力被美国支持的塔吉克军阀所限制等问题的担忧，他们坚持认为，卡尔扎伊实为美国所操控的傀儡。这种担忧随着时间的推移，发展成为采取强力打压"非我族类"手段的不同理由。在他们看来，在政治上分裂和被边缘化的并非一直是人口较少的族体，"即使

---

① Rasul Bakhsh Rais, *Recovering the Frontier State*: *War*, *Ethnicity and State in Afghanistan*, Oxford University Press, 2008, p. 47.

② 阿富汗伊斯兰国的军事政治联盟组织"拯救阿富汗斯坦全国统一伊斯兰阵线"，由一些相互敌对的阿富汗军事派别联合组成。曾推翻苏联扶植的社会主义政权，建立阿富汗伊斯兰国。1996年，该国为塔利班武装推翻。2001年，在美国、英国等北约国家的支持下，从塔利班手中夺回了大部分阿富汗领土。

③ 在德国波恩召开的国际性组织会议，100多个国家和国际组织派官员和代表与会。就南极保护、生物多样性以及气候公约等问题展开国际谈判。重点讨论了美军撤离之后的阿富汗局势，以及同塔利班谈判的可能性。

在历史上执掌过国家权力的族体，随着其他社会群体所享国家治理权的提升，其既有权力分量则会下降，其族体身份亦会被政治化"①。总的说来，"北方联盟"开始控制喀布尔，普什图人之间久存的利益冲突依旧难解，普什图人抵抗组织政党与基层社会民众长期脱离，西方大国开始支持阿富汗抵抗运动中最强大、最严密组织"伊斯兰党"领导人希克马蒂亚尔领导的反政府力量，以及阿富汗邻国之间的权力斗争不断加剧阿富汗冲突各方矛盾等因素，在普什图人权力衰落中起到了推波助澜的作用。② 2021 年 8 月，阿富汗塔利班最高领导人阿洪扎达在新政府组建后发表声明。声明提到阿富汗不会被用来危害任何国家的安全，国家治理等一系列事务都将受到伊斯兰教法的管理，并在伊斯兰教的框架内执行相关程序。③

阿富汗冲突各方长期相持不下，使原本贫穷落后的国家几乎到了无路可走的地步，阿富汗族体分裂、国家分治的可能性正在不断增强。有数据表明，阿富汗的文盲率达 70% 以上，平均寿命大约 50 岁，新生儿死亡率高达 10% 以上，其国内生产总值出现了负增长。

从阿富汗冲突中得益的往往是那些"友邦"。在 20 世纪 90 年代以来发生的中亚争夺战中，美国和巴基斯坦是最大的受益者。比如，美国加利福尼亚联合石油公司获准建造一条从土库曼斯坦到巴基斯坦的输油管道，巴基斯坦开辟了通向中亚新兴市场的商业道路等。

今天，阿富汗境内的武装冲突依然存在。美国在阿富汗采取的相关政策，大都是与非普什图人的合作中完成的。研究表明，美国对非普什图人的关注要多于对普什图人的关注，并且在相当长的时间内不会发生根本性的变化。④ 美国这种政策倾斜或选择的原因是显而易见

---

① Joane Nagel & Susan Olzak，"Ethnic Mobilization in New and Old States：An Extension of the Competition Model"，*Social Problems*，Vol. 30，No. 2，1982，pp. 127 – 143.

② Anwar-ul-Haq Ahady，"The Decline of the Pashtuns in Afghanistan"，*Central Asian Survey*，1995，pp. 621 – 634.

③ "塔利班最高领导人就阿富汗新政府政策发表声明"，转自环球网官方账号，2021 年 9 月 18 日。

④ Farhat Haq，"Rise of the MQM in Pakistan：Politics of Ethnic Mobilization"，*Central Asian Survey*，1995，pp. 990 – 1004.

的。在所谓"后塔利班时期"的阿富汗，来自普什图地区的一些部落领导人和具有地方或区域影响力的部落首领，基本都与外国势力通力合作，而放任阿富汗国家利益基本留于"空想"状态。当下，重新上台执政的塔利班政府，能否真正认识到之前的相关教训，并关注到他们对国家和各族人民的责任，尚须拭目以待。迄今为止，人们仍然难以断言阿富汗休战会一蹴而就。当然，从长远看，阿富汗的动荡如同历史上发生过的所有冲突一样，不会永远地持续下去。基本可以肯定的是，阿富汗"历史性族裔群体"问题的解决，会将阿富汗迈向真正和平大大推进一步。

在"历史性族裔群体"人口众多、分布广泛的国家中，"族体"的成熟程度对国家的生存与发展至关重要。从理论上讲，多民族国家的建立过程是一个不断地增进权力共管、国家统一、族际交往交流的过程，各族必须寻找到诸族利益的结合点并以之为行为准绳，以对国家的忠诚代替对本族的忠诚，这是多民族国家生存的基本条件。在这一过程中，国民各族必须不断地完善自己，使自己有能力采取向其他族体利益倾斜的举措，有实力为各民族共同利益的发展主动作出必要的利益让步。

从比较严格的意义上讲，普什图族的经济发展状况尚不足以决定其在阿富汗国家中的"主体"地位，阿富汗国内的纷争与动荡，可视为其经济能力欠缺的表现。自独立以来，阿富汗始终没能改变贫困落后的面貌，至今仍是世界最不发达的国家之一。普什图人的自身发展也不平衡，城乡居民贫富差距很大，乡村中的农牧民多为文盲或无家可归者，而城市中的居民多为政府要员、富商等，有相对较强的经济实力。同时，普什图人内部不同利益集团间的矛盾冲突，不断削弱着其自身的凝聚力和整体实力。从政治上看，普什图人至今尚未拥有一个代表各部落集团共同利益的政党，现今存在着的几个主要的普族政党亦无达成共识。传统的习惯法、部落惯例，在普什图人社会生活中占据主导地位。普什图人所实行的一系列以保护自身利益为出发点的政策和措施，表明它尚未完成从对族体忠诚到对国家忠诚的转变，而这是多民族国家构建中应具备的一个基本素质。从文化上讲，普什图人并没有得到国内其他民族的充分认同。哈扎拉人依然保持着蒙古族传统，土库曼人、乌兹别克人、塔吉克人等大多仍延习原有的生活方式。从整体上讲，他们对自身的存在、地位、利益、价值和文化传统的自觉，尚未达成共识。

多民族国家自身的矛盾还需靠自己解决，西方的"外援"往往会加剧问题的复杂性和尖锐性。阿富汗矛盾各方应对接受"外援"的利与弊有清醒的认识：所有的"外援"几乎都是有"条件"的；在获得"外援"的同时，很可能会失去更多的东西，最终受益的往往是"受援"者。"历史性族裔群体"的生存与发展状况对于多民族国家的社会稳定至关重要。其人口分属相关国家族体之间的关系，以及他们与所在国其他族体的关系，是比较特殊的人们共同体关系。其特殊性使得相关问题比其他类型族际关系问题更加复杂，并且难以从根本上加以解决。族际关系问题应成为世界民族研究中的重要课题。

（执笔人：刘泓）

缅甸的罗兴亚人问题探析

一 问题的提出

缅甸地处中南半岛，是世界上最著名的佛教国家之一。在其漫长的历史之中，缅甸先后经历了封建王朝、英国殖民统治以及军政府统治，英国殖民者、数十年的边缘化以及军事统治留下的历史遗产，以及社会、族裔以及宗教因素的交织，对当今缅甸的民族国家构建提出了诸多挑战。罗兴亚人问题的缘起和现状正是与这些历史遗产相关，并成为缅甸社会整合的难题。在 2020 年 11 月举行的缅甸大选中，缅甸选举委员会取消了罗兴亚人所在的若开邦大部分地区的投票权，由此折射出缅甸主流政治秩序在应对罗兴亚人问题时的既定立场。

罗兴亚人是聚居在缅甸若开邦靠近孟加拉国边境的一个跨境穆斯林群体。根据 2019 年缅甸人口普查的结果，缅甸若开地区人口 332 万，其中有 80 万人为"宾格利人"。[①] 据统计，全球罗兴亚人的人口在 150 万—200 万之间。但也有消息称，因 2016—2017 年极端暴力事件导致 70 万人逃往孟加拉，目前该国罗兴亚人达到 94.7 万人，缅甸国内剩约 40 万人，另在沙特有近 50 万人，阿联酋 5 万人，巴基斯坦 35 万人，印度 4 万人，马来西亚 15 万人，泰国 5000 人，印度尼西亚 1000

---

① 缅甸政府以及主流社会都不承认"罗兴亚人"这一称谓，并将生活在若开邦的穆斯林群体称为"宾格利人"（意为孟加拉移民）。参见 Department of Population, Ministry of Immigration and Population, The 2019 Myanmar Population and Housing Cen-sus, Highlights of the Main Results, Census Report, Vol. 4 – A.

人，这些数字加起来近 250 万。① 还有少部分生活在日本、加拿大、英国、斯里兰卡等国家，是一个在全球范围内具有较强流散性的族群。

从国家治理的角度检视，罗兴亚人问题往往被认为是围绕罗兴亚群体的身份界定和权利授予等问题产生的一系列矛盾冲突。在地缘政治维度，罗兴亚人问题涉及族际冲突，难民问题，国际援助以及跨境犯罪和恐怖主义问题，尤其防范中东伊斯兰国家以及西方国家企图用道德和情感绑架政治，将罗兴亚人问题泛政治化，泛宗教化，挑起争端，制造干预借口，成为制造麻烦搅乱地区局势的棋子。需要明确的是，罗兴亚人问题之所以涉及缅甸内政和外交格局，同时影响着缅孟地区社会经济的稳定与发展，其原因在于族际关系和客观实际的矛盾：一方面是以缅族为主的缅甸主流族裔坚决拒绝承认并接纳罗兴亚人作为缅甸土著民族（taing yin tha）的一员；另一方面是该群体的绝对数量以惊人的速度在增加，且逐步建立了统一的族裔认同，得到国际人权组织和众多国家，尤其是西方国家和伊斯兰国家的关注与支持。全面认知罗兴亚问题，提出行之有效的治理对策，对缅甸社会环境的稳定以及我国"一带一路"项目在缅甸的落实与推进具有积极意义。因此有必要以历史视角检视该问题的缘起与发展，借助历史认识论、唯物史观等研究范式来探析其症结所在。本文拟从史料出发，梳理罗兴亚人问题的产生、发展过程以及现实境遇的分歧，分析当前缅甸政治框架下罗兴亚人问题的进展与趋势。

二 罗兴亚人问题的历史检视

在波澜壮阔的 20 世纪，缅甸经历了英国殖民统治、日本人的侵略占领、根基脆弱的议会民主制、军事政变和军事政治等政治体制变革。2011 年初，军政府将国家权力移交给了一个半文职的代议制政

---

① "Spread of Rohingya Inside and Outside Myanmar", The Arakan Project, October 2017; "Myanmar Rohingya: What You Need to Know about the Crisis", BBC, April 24, 2018. 转引自张添《缅甸罗兴亚人问题的视差——历史、现状与症结分析》，《南洋问题研究》2019 年第 2 期。

府，昂山素季作为国家的实际统治者执政并试图将缅甸重新构建成为一个半联邦国家。这些历史上的二元对立一直是缅甸民族国家构建进程的困局①，也是罗兴亚人问题的产生与发展的现实基础。历史的变革影响了缅甸不同时期的相关法律、政策以及政府决策的制定，直接和间接地造成了今天缅甸罗兴亚人问题。

（一）殖民主义的恶性遗产（1885—1948 年）

英国通过 1824—1826 年、1852 年和 1885 年三次英缅战争彻底完成对缅甸的殖民统治。殖民历史在缅甸民族国家构建历程的影响无疑是深远的。而其中最深远的是因外族统治产生的强烈的民族主义觉醒。② 有学者认为，殖民主义的入侵从根本上打破了缅甸的发展模式。英国殖民者瓦解了缅甸社会长期以来的孤立发展模式，将其裹挟进入资本主义世界体系之中，从而使一个传统孤立的社会发生了彻底的变化，以适配英国殖民统治。③

值得注意的是，英国对缅甸的殖民入侵是渐进式的，并且将其置于对印度殖民的进程之下，成为英属印度的一部分。英国殖民者在缅甸主要诉求是进行"掠夺性"贸易活动实现经济利益的最大化，他们按照普遍的方式在缅甸建立了殖民政治制度，从未考虑将政治体制与平行的经济和社会制度相结合。在英国殖民统治时期，尤其是在 1886 年吞并上缅甸（Upper Burma）之后，缅甸事实上由两种不同的方式统治：一种是"缅甸执政区"（Ministerial Burma），也就是在缅甸腹地和阿拉干地区（今若开邦）建立现代行政体系进行直接统治；另一种是在少数民族聚居的边境地区和"原住民区"保留贡榜王朝时期推行的土司制度等社会政治制度，给予少数民族上层以一定特权，利用

---

① Mikael Gravers and Flemming Ytzen, *Burma/Myanmar-Where Now*? NIAS Press, 2014, p. 46.

② David I. Steinberg, Burma/Myanmar: *What Everyone Needs to Know*, Oxford University Press, 2010, p. 26.

③ Victor B. Lieberman, "Reinterpreting Burmese History", *Comparative Studies in Society and History*, Vol. 29, No. 1, 1987, p. 162.

他们对当地人民进行间接统治。实行监护管理。① 这种"分而治之""以夷制夷"的统治政策为缅甸的族际矛盾和冲突埋下了导火索，加深了作为主体民族的缅族和少数民族的隔阂。

为了进一步扩大经济利益稳定统治基础，1836 年，英国殖民者颁布《授地法》，对若开地区开展大规模的土地开发，从而产生了大量的劳动力需求。因此，英国殖民者放任并鼓励的英属印度地区的穆斯林迁到当时肥沃的阿拉干谷地进行垦荒，同时并未赋予这些移民以合法的族裔身份。根据当时英国在缅甸开展人口普查数据记录，绝大部分迁入若开的穆斯林群体要么被记录为缅甸多数族裔不被凸显，要么被记录为属于印度族裔的外来人口。② 这种将人口划分为国民、土著民族以及外国人的族裔分类制度，为后来缅甸施行的公民身份族裔化政策奠定了基础。同时，这些外来移民由于一些原因而遭到若开地区若开人的反感和敌视：在若开族看来，在经济层面，若开地区富饶的土壤和宜居的环境吸引穆斯林源源不断地迁入、定居和繁衍，若开北部孟都、布迪洞地区的穆斯林人口成倍膨胀，当地原住民若开人则不断外逃，人口规模锐减；在文化层面，绝大多数若开族都是佛教徒，他们认为佛教意识形态是缅甸社会的首要价值和文化基础，这些穆斯林移民是英国殖民者试图削弱佛教地位的"爪牙"和"急先锋"。

在殖民统治、外来移民和佛教地位受到威胁的多重压力下，从 20 世纪初开始，缅甸的民族主义运动开始酝酿。1906 年，具有浓厚的佛教色彩的缅甸佛教青年协会在仰光成立，其政治目标是复兴佛教，培养缅甸人民爱国意识，促使缅族意识觉醒，并组织群众性的政治斗争。1917 年，缅甸佛教青年协会成员宣布不承认立法会议三名缅籍议员的代表资格，因为他们未经人民的选举。它反对英国人把持缅甸学校，反对铁路上设置供欧洲人专用的车厢，要求禁止欧洲人穿鞋进入佛教寺庙。它提倡国货，要求发展本国手工业生产。要求禁止高利贷

---

① Clive J. Christie, *A Modern History of Southeast Asia: Decolonization, Nationalism and Separatism*, I. B. Tauris, 1998, p. 18.

② Aye Chan, "The Development of a Muslim Enclave in Arakan (Rakhine) State of Burma (Myanmar)", *SOAS Bulletin of Burma Research*, Vol. 3, No. 2, 2005, p. 399.

活动，防止土地落入外国人手中。要求将缅甸从英属印度中分离出来。①

第二次世界大战期间，缅甸是英国和日本开展大规模攻防战争的重要战场。日本的入侵使缅甸的政治局势趋向复杂，缅甸各族裔、各方势力面临着不同的道路选择：要么是继续跟随英国殖民者对抗日本在缅甸的侵略行为；要么是借助日本人的力量将英国殖民势力赶出缅甸谋求独立。反对英国殖民统治、谋求民族独立的一批缅族精英人物选择借助日本的力量。1942 年 1 月，德钦昂山随入侵日军回到缅甸，并在日本的支持下组建缅甸独立军参加对英作战，并亲手杀死缅甸北部克伦族、克钦人武装的首领。1943 年 8 月，缅甸组成以巴莫为首的傀儡政府，实现了日据时期的缅甸伪独立。克伦族、克钦人以及罗兴亚人基于自身利益和政治理念选择英国殖民者一边，抵抗日本侵略者以及缅族为主体的缅甸政府。直到二战结束，若开北部都是缅甸宗教对立和种族冲突最严重的地区之一。日本人将若开地区作为完全占领缅甸后入侵印度的重要地缘跳板，积极拉拢若开人，武装训练若开人的地方部队"若开爱国武装"（the Patriot Arakan Force）与英军进行交战。英国人则组建以罗兴亚人为主体，号称"第五纵队"（Force V）的武装专门针对"若开爱国武装"以及若开人展开攻击，在英军彻底溃败之前，所有布帝洞佛教遗迹均遭到第五纵队的打击而彻底毁灭。②

1944 年 1 月，日军在缅甸战局中不断失利并开始收缩，昂山等人组建"反法西斯人民自由同盟"转向加入盟军开始反攻日军。1945 年日本投降后，英国势力重新控制缅甸。罗兴亚人向英国提出单独谈判，要求将他们在若开北部的聚居区从缅甸中分离出去划为穆斯林领地，并保留二战时组建的地方武装部队。③ 英国基于自身的统治利益没有答应罗兴亚人的诉求，也没有制定任何旨在解决若开地区争端、承认少数族裔权利的法律准则和政策。在未得到英国人支持的情况下，1947 年罗兴亚人组建了一支地方武装，并向新成立的巴基斯坦总

① 张旭东：《试论缅甸佛教青年协会》，《东南亚研究》2004 年第 1 期。
② 李涛：《缅甸罗兴迦人问题的历史变迁初探》，《东南亚研究》2009 年第 4 期。
③ 李晨阳：《缅甸的罗兴伽人与罗兴伽人分离运动》，《亚太研究》2005 年第 1 期。

统真纳提出要求，希望他将阿拉干北部并入东巴基斯坦（孟加拉国）。同时，直到 1948 年缅甸独立前，若开地区罗兴亚人与若开人的冲突一直在持续。在缅族看来，罗兴亚人在战争期间对于佛教徒的攻击行为，以及战后想要从缅甸中分离的诉求，是其不忠诚性的体现，是缅甸国家独立进程的"背叛者"。

对缅甸来说，殖民时期的经历包含着民族主义逻辑的双重矛盾：一方面是针对殖民统治，争取民族独立的意识形态资源；另一方面是针对国内少数族裔，因民族关系结构的非持续性带来的，多数至上主义与少数族裔身份政治之间的冲突。① 这种经历在方方面面影响了生活在缅甸的包括罗兴亚人在内的少数族裔的过去和现在。对缅甸的统治的意图从战略上促使英国殖民者支持主体民族缅族的民族主义诉求。这一点在不制定任何保护包括罗兴亚人在内的少数族裔的法律、政策或准则上表现得非常明显。在缅甸，这种主体民族对少数族裔单向性的政治环境在英国殖民时代就已经形成，并进一步促使之后历届政府按照殖民时代遗留下的传统方式对待罗兴亚人。

（二）民族和解的理想与多数至上主义的奉行（1948 年至今）

缅甸自 1948 年独立后，在现代民族国家构建的过程中经历了诸多起伏。在经历了几十年的军政府统治时期（1958—1960 年、1962—1974 年和 1988—2010 年）和一党专政（1974—1988 年）之后，2008 年《缅甸联邦共和国宪法》为新的政治体制转型奠定了基础。2011—2015 年，缅甸继续进行重大政治改革。纵观缅甸独立至今近 70 年的历史，缅甸社会一直背负着许多殖民时代遗留问题，贯穿着一条主线就是既与殖民主义相对立却又一脉相袭的民族主义政治理念、制度安排和主流社会共识。

1. 从少数民族到无国籍者的跌落（1948—1988 年）

值得一提的是，在英国殖民缅甸之前，构成当今缅甸复杂民族格

---

① Lieberman, "Ethnic Politics in Eighteenth-Century Burma", op. cit., p. 480.

局的不同群体从未受到统一政治实体的管辖。① 英国分而治之的统治政策，让这些族裔群体在殖民时代也受到不同权力机构和地区（主流和边缘）的管辖并具有一定程度的自治权。当缅甸独立时，各个族裔被收归统一政府管辖。如果其自治权利被否决，少数族裔不满情绪就会随之增长。加上二战历史造成的各族裔因为不同阵营选择造成的深层社会分裂，是缅甸独立建国必须面对的现实困境。

昂山意识到这一问题的重要性，认为实现各族裔的和解与团结才能建立统一的缅甸。他提出："山区人民可以用任何他们认为好的方式管理他们自己的地区，缅族人不会干预他们的内部行政事务。"1947 年 2 月，昂山在掸邦彬龙镇与掸邦、克钦邦、钦邦等少数族裔势力代表共同签署了《彬龙协议》，宣布向英国争取缅甸共同独立并初步拟定缅甸少数民族地区享有自治权利、联邦政府需对边疆地区进行财政倾斜、各少数民族地区享有民主国家的各项公民权利等条款。1947 年 9 月，联邦政府通过《缅甸联邦宪法》，确定缅甸的联邦制政体、规定"整个联邦只有一种公民身份，只要属于缅甸的土著民族（taing yin tha）的一员就是缅甸联邦公民"，要求联邦政府"必须承认少数民族作为人的权利、与民族习俗有关的权利、文化权和自由交往权、派合适代表参加立法委员会等四项权利，并对各项权利作出详细解释"②。尽管罗兴亚人并未获准参与《彬龙协议》的签订，但在1947 年 4 月 9 日召开的缅甸联邦第一次制宪会议选举中，罗兴亚人代表获准进行投票。③ 1947 年《缅甸联邦宪法》中也赋予了罗兴亚人的缅甸公民身份。

然而，1947 年 7 月 19 日昂山遇刺身亡导致缅甸民族和解局面急转直下。其后的吴努政府以及吴奈温军政府一直采取渐进式的方式限

---

① Carlos Sardina Galache, *Rohingya and National Identities in Burma*, New Mandala, 2014.

② 何明、陈春艳：《后殖民时期民族问题的形成——以缅甸罗兴伽人问题为中心的讨论》，《世界民族》2017 年第 3 期。

③ Chenyang Li, Chaw Chaw Sein, and Xianghui Zhu, "Myanmar: Reintegrating into the International Community", *World Scientific*, 2016, p. 312.

制、削弱、取缔或收回各少数民族的权利，试图打造以缅族为中心的民族主义意识形态在政治、经济、社会等各方面统一全国，"一个种族（缅甸族）、一种语言（缅甸语）、一个宗教（佛教）"的理念——大缅族主义开始蔓延，在各邦推行强制宗教同化和强制语言同化政策，把缅甸引入建立"一个国家，一个民族"的同质化道路。

1948年1月4日，吴努政府颁布了《缅甸联邦公民法》（The Union Citizenship Act），该法确定了8个特定的民族为"缅甸土著民族"，允许他们获得公民身份。[1] 罗兴亚人虽未被明确为8个特定民族之一，但政府高层公开认可了罗兴亚人的公民身份。1959年，时任总理吴巴瑞在一次讲话中表示"罗兴亚人与克钦、克耶、吉仁、钦、缅、汶、若开、掸等民族享有平等的公民权利"[2]。并根据1947年《缅甸联邦宪法》的规定，向符合条件的罗兴亚人提供公民资格认证并颁发身份证，并向那些无法证明其家庭在1948年之前已在缅甸居住了两代的罗兴亚人提供外国人登记证（FRC）。[3]

1962年吴奈温通过政变上台，废除联邦宪法，成立革命委员会开始军政府独裁统治。他不仅将缅甸的零售业收归国有，剥夺了大约10万印度人和1.2万巴基斯坦人的财产，并将他们赶回自己的家园；还推行大缅族主义政策，发起了一系列旨在打击"非法移民"的军事行动。[4] 军政府上台后，罗兴亚人发现，得到公民身份的罗兴亚人的子女越来越难以获得公民身份。法律要求父母在子女年满10岁时进行登记，因此，在许多家庭中，1952年以前出生的儿童都有证，而之后出生的儿童由其父母提出公民身份申请时，政府却迟迟不予答复。

然而，公民身份的认证收紧只是开始，1964年吴奈温政府宣布取

---

① The Union Citizenship Act, 1948 sec 3 (1).

② A. F. K. Jilani, *The Rohingyas of Arakan*: *Their Quest for Justice*, Dhaka: Ahmed Jilani, 1999, pp. 195 – 199.

③ 根据1947年《缅甸联邦宪法》的定义，缅甸联邦公民是指属于"缅甸土著民族"（taingyintha）的人，认证标准包含两个条件，要么是其祖父母来自"缅甸土著民族"，是公民的子女，或在1942年之前居住在英属缅甸。

④ Ardeth Maung Thawnghmung, "The Politics of Indigeneity in Myanmar: Competing Narratives in Rakhine State", *Asian Ethnicity*, Vol. 17, No. 4, 2016, pp. 527 – 547, 531.

消马由边境特别行政区，宣布罗兴亚青年协会（Rohingya Youth Organization）、若开穆斯林协会（Arakan Muslim Association）和若开穆斯林青年组织（Arakan Muslim Youth Organization）等罗兴亚组织为非法团体，此举导致罗兴亚人在 1964 年爆发大规模的武装叛乱；1965 年 10 月，缅甸政府广播电台的罗兴亚语节目被取消。军政府的做法让罗兴亚人感受到极大的威胁，分离诉求成为其抗争的最终目的：1973 年，罗兴亚人组建了罗兴亚爱国阵线（Rohingya Patriotic Front），呼吁吴奈温政府停止对罗兴亚人的强制同化行为，并在阿拉伯伊斯兰世界广泛宣传罗兴亚人的处境。① 1974 年，若开解放党成立，通过政治和军事手段寻求将若开邦从缅甸中分离并组建一个独立国家的可能性。

作为对罗兴亚人分离诉求的回应，1978 年 2 月，吴奈温政府发动代号为"龙王计划"（Operation Nagamin）的军事行动，旨在"对生活在缅甸的每一个人进行审查，依法确定公民和外国人，并对进入缅甸的非法移民采取行动"②。此举造成若开邦中大量的罗兴亚人被驱逐，逮捕甚至被杀，在"龙王计划"持续的一年中，约有 25 万罗兴亚人被强行驱赶逃难至孟加拉国。1982 年，吴奈温政府废止了旧的《缅甸联邦公民法》并另立新法。与旧法相比，新的《缅甸联邦公民法》以血统原则为基础，确定两种人可以申请成为缅甸公民：一是克钦族、克耶族、吉仁族、钦族、缅族、汶族、若开族、掸族这些缅甸土著民族的成员；二是自 1823 年以前就定居在缅甸境内作为永久家园的任何领土上的少数族裔个体。该法从法律上剥夺了罗兴亚人成为缅甸公民的可能性。因为他们既不属于吴奈温政府所界定的缅甸 135 个"民族"名单中的任何一个族裔群体，也没有任何文件可以证明他们的祖先在 1823 年之前就在缅甸生活过。③ 结果是罗兴亚人被拒绝赋

---

① 贺圣达：《东南亚伊斯兰教与当代政治》，中国书籍出版社 2010 年版，第 429 页。

② P. Carey, *Burma: The Challenge of Change in a Divided Society*, Springer, 1997.

③ 在缅甸主流学派对罗兴亚人的研究共识是，他们被认为是在第一次英缅战争和随后的 1824 年英国殖民化之后才在缅甸定居的。参见 Donald M. Seekins, *Historical Dictionary of Burma（Myanmar）*, Rowman & Littlefield, 2017。

予公民身份，使他们成为事实意义上的无国籍者。这再一次激起了罗兴亚人的强烈抵抗，他们在同年组建了罗兴亚团结组织（Rohingya Solidify Organization），目的是建立罗兴亚自治邦（Rohingya Autonomous State），并按伊斯兰教法进行管理。①

经过缅甸政府军多年来频繁的大规模清剿，罗兴亚人和罗兴亚团结组织已经失去了对抗缅甸军政府的能力。军政府统治时期的罗兴亚人的社会地位发生了巨大变化，从最开始的宪法中承认的少数族裔变成了被抛弃的无国籍者。缅甸政府的强制同化政策和公民权的丧失一方面让罗兴亚人更加坚定地走上了分离主义的道路；另一方面也让缅甸军政府针对罗兴亚人的行为越来越极端，深化了罗兴亚人的苦难。

2. 被遗忘者与替罪羊（1989 年至今）

由于经济困顿长时间得不到改善以及军政府的高压统治，1988 年 8 月，缅甸爆发针对吴奈温军政府的全国性人民起义运动，在国家经历数月政局动荡后，将军苏貌带领军队接管国家政权；1989 年 9 月，在苏貌的主导下，国家恢复法律和秩序委员会成立，承诺保证缅甸国家的主权完整并维护民族团结，国家恢复法律和秩序委员会不但没有采取有效行动缓解缅甸各族裔间的分裂，消弭政治体制因素引起的社会动荡。反而将罗兴亚人作为转移社会矛盾的"替罪羊"用以团结失望和愤怒的民众。苏貌政府进一步在政治、经济、文化、生活方面对罗兴亚人进行更严格的限制：1989 年底，苏貌政府开始以强制手段在若开邦北部的罗兴亚人聚居区建立缅甸佛教徒定居点；1991 年，缅甸军政府加强了对罗兴亚人聚居区的军事行动，试图清剿罗兴亚团结组织，再次加剧了罗兴亚人的逃亡。苏貌政府在 1991—1992 年间所开展的清剿行动，导致约 25 万罗兴亚人逃至孟加拉国避难。

在 1991 年罗兴亚难民涌入期间，孟加拉国最初为他们提供了临时住所。1992 年 4 月，孟加拉国将此事提交联合国安理会。1992 年 4 月 28 日，缅甸政府与孟加拉国签署了一项联合声明，同意将难民接回。在 1992—1997 年共召回了约 23 万逃至孟加拉国的罗兴亚人，但

---

① 李晨阳：《缅甸的罗兴伽人与罗兴伽人分离运动》，《亚太研究》2005 年第 1 期。

是，2005 年缅甸政府再次否认罗兴亚人是缅甸公民，并拒绝接收孟加拉遣返回来的罗兴亚人，在联合国难民署的斡旋之下，2009 年遣返计划重启，但随即又因缅甸单方面毁约导致遣返计划再次被搁置。

2011 年缅甸军政府统治结束，举行全国大选恢复了代议制政府。但实现民主化改革的缅甸政府依然没有承认罗兴伽人的政治意愿，吴登盛在 2013 年 7 月接受"亚洲时报在线"（Asia Times Online）的采访时曾说："在我们的民族史里，没有'Rohingya'这个词。"2013 年 9 月 13 日，在日内瓦举行的第 24 届人权峰会上，缅甸外交部部长温纳貌伦曾发表申明："罗兴亚一词从来没有在缅甸国家的历史上存在过。"2015 年，吴登盛政府正式通过了三项与种族和宗教有关的法律——《佛教妇女特别婚姻法》《人口控制法》《宗教对话法》，这三项法律分别要求与非佛教徒结婚的佛教妇女需要获得当地政府的许可、制定人口控制措施以及限制宗教对话。联合国难民署评估，2015 年 1—3 月期间，有 2.5 万罗兴亚人被人口贩子带上船只，绝大多数至今下落不明。围绕罗兴亚人的人道主义危机仍在继续，2017 年，由于若开罗兴亚救世军（ARSA）袭击了缅甸政府位于若开邦的一个军事基地和一些警察哨所，缅甸军队开始了针对罗兴亚人无差别的"清理行动"，再次造成罗兴亚人的外逃。

三　罗兴亚人问题的历史叙事批判

罗兴亚人问题是一个从历史范畴外溢引发的各类政治、经济、社会和外交问题。对罗兴亚人的由来、演化及其与缅甸其他民族的互动进程，不同群体有着不同的历史解读。

缅甸主流的社会共识一直将罗兴亚人问题划归为"非法移民"问题，认为罗兴亚人就是由英国殖民者引入若开地区垦荒的孟加拉穆斯林的后裔，他们因英国殖民政策而迁入，从未参与缅甸漫长的历史之中，因而不能算是缅甸土著民族的一员；穆斯林学者则认为罗兴亚人在公元 788 年就生活在若开地区，他们是"波斯人、莫古尔人、土耳其人和巴珊人的后裔"①，并曾与若开人一起击退了缅族人的入侵建立了独立的若开王国。西方学者则从更中立的角度出发，耶格认为缅甸若开北部的穆斯林早在公元 9 世纪就定居在下缅甸和若开地区，法米达进一步界定，表示耶格所指的穆斯林就是罗兴亚人。雷德则指出，罗兴亚群体确属孟加拉吉大港移民，其在 20 世纪 90 年代前"不受争议地"被称为"孟加拉人"。巴拉尼则认为，罗兴亚人的确是在英国殖民时期迁入若开的，但由于他们是被迫迁入的，并在当地生活了一个多世纪，其后代自然应当属于当地居民。②

上述对于罗兴亚人产生的界定各有其考据，但无论罗兴亚人在缅甸生存、居住以及与其他族裔互动的历史的标准与界定如何不同，其自英国殖民时期到缅甸独立以来，罗兴亚人在一次又一次的迁徙和离散之下，因为外部压力造成的"抱团取暖"导致自身的民族意识觉醒，并基于共同的地域、共同的语言、共同的经济生活以及表现与共同的民族文化特点上的共同的心理素质进行自我界定。时至今日，已经成为独立的民族群体的事实毋庸置疑。

自缅甸独立后，1947 年《缅甸联邦宪法》所提出"土著民族（taing yin tha）"这一概念对缅甸民族关系结构影响深远：一方面，缅甸的"土著民族"确实是建构论意义上的"民族史诗"，是"身份政治用以包容或排斥的修辞术语"；另一方面，土著民族所赋予缅甸各族裔的政治归属感，是通过与缅甸社会互动对话构建出来的。应该明确的是，1947 年颁布的《缅甸联邦宪法》将"土著民族"这一词汇

---

① Dr. Ahdul Kalim, "The Rohingyas: A Short Account of Their History and Culture", *Arakan Historical Society*, Bangla Desh, 2000, pp. 13 – 14; A. F. K. Jilani, "The Rohingya of Arakan: Their Quest for Justice", Privately published, 1999, p. 52; Smart Mr. R. B., "Burma Cazetleer: Akyab District", Vol. A, *Rangoon*, 1957, p. 19.

② 参见 Albert D. Moscotti, "Burma's Constitution and Elections of 1974: A Source Book", *Institute of Southeast Asian*, 1977; Ardeth Maung Thawnghmung, "The Politics of Indigeneity in Myanmar: Competing Narratives in Rakhine State", *Asian Ethnicity*, Vol. 17, No. 4, 2016, pp. 527 – 547, 531; Roger Lee Huang, "Re-thinking Myanmar's Political Regime: Military Rule in Myanmar and Implications for Current Reforms", *Contemporary Politics*, Vol. 19, No. 3, 2013, pp. 247 – 261; Ian Holliday, "Voting and Violence in Myanmar", in *Burma or Myanmar? The Struggle for National Identity*, ed. Lowell Dittmer, World Scientific Publishing Co., 2010, pp. 23 – 49。

从历史叙事中抽离出来并纳入缅甸国家历史的主流意识形态，但在诸如"谁是缅甸土著民族"此类问题确实是由缅甸社会共识所肯认决定的。

罗兴亚人问题的历史叙事悖论正见于此：即使罗兴亚人的族裔身份界定于英国殖民统治时期，其从自在到自觉的演进过程同样折射着从近代到现代缅甸民族国家构建的缩影。换句话说，罗兴亚人问题的产生与沿革早已是缅甸国家历史的一部分，与其用意识形态将其与缅甸民族史诗做切割，更应该将关注点投射在该群体的现实存在意义之上。而将罗兴亚人问题的历史叙事纳入缅甸独立后的历史中进行检视，我们可以清晰地看到罗兴亚人从宪法承认的少数民族到被缅甸国家叙事抛弃的全过程。新宪法、宪法修正案和不同法律带来的这些变化不仅使他们作为少数民族逐渐被边缘化，而且使他们被排除在公民资格之外，并由此产生了法律地位的急剧矮化和部族内部暴力带来的社会巨大动荡。然而，在这些苦难和边缘化的背景下，其历史逻辑是清晰明确的，本文认为，缅甸罗兴亚人问题时至今日仍未见解决与缅甸民族国家构建过程中的三个历史遗留问题相关：

首先，英国出于殖民地开发目的，鼓励并诱导穆斯林群体来到若开地区进行垦荒工作，在放任他们深入参与缅甸社会经济发展的同时，英国殖民者却从未对其族裔身份界定作出任何说明。在英国殖民体系中，英属印度境内的人口交换和被迫的区域内移徙是普遍存在的。有学者描述了英国在殖民地内部进行移民的戏剧性后果："第二次世界大战之前，仰光的印度移民数量比缅族人还要多，缅甸军队是按照英国人在印度的整军模式建立起来的，其中缅族人数量只有13％，而印度人的数量却占比37％，其余部分由周边的'武人（少数民族）种族'以民族为基础的兵团组成的。"① 在没有任何特定族裔身份的情况下，罗兴亚人被污蔑性地称为"卡拉"（Kalar），他们唯一明确的穆斯林身份又往往与佛教的意识形态冲突勾连在一起，激化了包括僧人在内的若开佛教徒对于罗兴亚人的围攻。

---

① Moshe Yegar, *The Muslims of Burma：A Study of a Minority Group*, Wiesbaden, 1972.

其次，英国殖民期间缅甸社会呈现出强烈的民族主义情绪与佛教意识形态交织发展态势，并在缅甸独立后以大缅族主义的形势广泛推行。因为既有政权的衰落和经济的困局凸显了民族分裂的矛盾，通过针对罗兴亚人的民族主义运动，使大缅族主义成为缅甸社会强大的政治认同符号。[①] 此外，当前缅甸社会针对罗兴亚人的极端排外主义也是极权统治下几十年来军事宣传中提倡的排外民族主义的结果。因此，民族主义不仅在缅甸多数民族中，而且在各民族中也根深蒂固。在政治制度转型和社会动荡时期，这种原始情绪很容易被用来制造怨恨和恐惧。

最后，英国殖民者强化族裔边界，搅动政治力量对峙的统治策略影响了缅甸民族国家构建的路径选择——将族裔与公民身份挂钩。在英国统治下，根据"族裔"和"宗教"对人进行强制分类，助长了一种想象中的多数民族——领导和建设国家的"土著民族"——建立同质化国家的观念。问题是，殖民统治者把他们固定的分类强加给了一个变化的世界，为后来大缅族主义的兴起奠定了基础。

研究性视角：罗兴亚人问题治理路径探索几十年来，缅甸的罗兴亚人一直处于危机之中，如果从历史角度考虑，并进行批判性分析，就会得出一个黯淡的结论：罗兴亚人的境遇正愈加趋向恶化。作为一个少数民族，他们在缅甸社会中一直被边缘化，被排除在政府机构之外，最后被剥夺了公民身份——根据缅甸最新法律，他们是无国籍者。法律地位的丧失还带来了其他一些不利的后果，包括大多数缅甸人以及缅甸政府针对罗兴亚人的行为越来越极端，深化了罗兴亚人的苦难。罗兴亚人目前的处境并没有一个具体的单一因素可以说是主要原因。这里面涉及多种因素。然而，这些因素主要可归因于英国殖民期间的历史遗产，一是殖民体制薄弱的遗留问题。简言之，缅甸早期的社会政治制度被脆弱的殖民制度取代，没有植根于当地社会，导致

---

① A. F. K. Jilani, "The Resistance Movement of the Rohingyas (1948 - 1961 A. D.)", in *The Rohingyas of Arakan*, ed. Siddiquee, pp. 409 - 426; and Nicholas Farrelly, "Muslim Political Activity in Transnational Myanmar", in *Islam and the State in Myanmar: Muslim-Buddhist Relations and the Politics of Belonging*, ed. M. Crouch, Oxford University Press, p. 107.

多民族的缅甸社会出现深层的族裔分裂；二是缅甸民族主义导致缅族族裔身份在政治上占据主导地位，这种身份从来不允许发展一种新的身份，将居住在现代国家的多元民族纳入其中。

不可否认的是，独立后的缅甸至今依然没有彻底消解掉殖民时期的治理痕迹。在此期间，不同的法律、政策和政府决定对他们的地位和由此产生的痛苦产生了巨大的影响。具体来说，20世纪50年代，吴努政府曾承认罗兴亚人是一个民族，但后来的政府的政策转向，通过新宪法、宪法修正案和不同法律带来的这些变化不仅使他们作为少数民族逐渐被边缘化，而且使他们被排除在公民资格之外。目前，罗兴亚人已经走到了"众叛亲离"的地步，处境极为艰难，生活难以为继，甚至有部分罗兴亚人已经开始认为唯有反抗方能自救，也许现在他们暂时没有能力和缅甸政府进行对抗，但是，一场规模空前的反抗运动或许正在酝酿当中，罗兴亚人问题有愈演愈烈的趋势。

缅甸是亚洲民族最多元化的国家，如何处理罗兴亚人问题有助于缓解缅甸的经济困局以及平复社会动荡。因此，将解决这一问题所要采取的任何措施与背景结合起来是切题之意。其中的核心在于，缅甸政府应当承认罗兴亚人的存在是一个历史事实。缅甸需要恢复他们作为少数民族的地位，并确保他们的公民身份得到政治肯认和社会保护。放任国内大民族主义的外溢效应，忽视殖民主义意识形态与平等民族关系的构架，民族对立和民族冲突就难以消解，最终带来更为深刻的治理危机。

（执笔人：张育瑄）

尼泊尔特莱平原的马德西人自治运动

尼泊尔南部的特莱平原是喜马拉雅山地与印度恒河平原的过渡地带，虽然在政治地理上是尼泊尔的一部分，但是在文化上和印度北部诸邦（北方邦、比哈尔邦和西孟加拉邦）存在紧密的亲缘关系。在尼泊尔现代国家的建设进程中，这种特殊的地理和文化关系使特莱居民受到来自尼泊尔和印度两边的影响，形成某种紧张关系，这也是导致马德西人问题的根源。国内目前尚没有专门研究马德西自治运动的论文或专著，但是在尼泊尔现代政治研究和国际关系研究中都或多或少涉及了这个问题。[①] 国外对这个专题的研究比较有代表性的如 Gaige、Nayak 和 Jha 的著作和专题论文。[②] 需要指出的是，因为马德西自治是尼印关系的重点问题，吸引了大批印度学者的关注。他们多从印度的南亚地缘政治战略的主位视角来分析马德西问题，将尼泊尔作为现代国家的产生原因简单归结为周边大国地缘竞争的结果和刻意安排，甚至暗指尼泊尔的主权不能完全取决于自身意志，必须服从于周边大国的战略考虑。这种有意无意忽视尼泊尔主体性的研究偏向是在参考其研究时应该多加注意的。本文

[①] 王艳芬：《共和之路——尼泊尔政体变迁研究》，社会科学文献出版社 2013 年版；王宗：《尼泊尔印度国家关系的历史考察（1947—2011）》，世界图书出版广东有限公司 2016 年版；汪亭友：《尼泊尔共产党（毛主义者）的历史、执政及其嬗变研究》，社会科学文献出版社 2015 年版。

[②] Frederick H. Gaige, *Regionalism and National Unity in Nepal*, Berkeley：University of California Press, 1975. Nihar Nayak, "The Madhesi Movement in Nepal：Implications for India", *Strategic Analysis*, 35：4, 640 – 660. Kalpana Jha, *The Madhesi Upsurge and the Contested Idea of Nepal*, Singapore：Springer, 2017.

从现代尼泊尔形成的历史背景出发概述马德西人自治运动产生的背景和历史阶段，尝试从地缘政治的演化和尼泊尔国内政治关系发展的角度对这个问题进行初步分析。

一　马德西人自治运动的自然与历史背景

1. 特莱平原的地理特征

尼泊尔国土呈东西狭长形状，北部与中国西藏接壤，其他三个方向被印度环绕。尼泊尔北部的喜马拉雅主山脊、南部的摩诃婆罗多山脉（Mhabharata range）以及以南的西瓦利克山脉（Shirvalik range）都是自西向东平行分布，将尼泊尔全境分为高山、山地和平原三个大地形生态区域。北部"高山区"（Himal）是喜马拉雅主山脊区域，海拔最高，占国土面积 19%。中部"山地区"（Pahad），海拔在 1000—3000 米，占国土面积约 64%，由一系列破碎复杂的较低山脉组成，群山间分布着大大小小的谷地，土地肥沃，加德满都谷地就是其中之一，也是全国政治和文化中心。尼泊尔南部西瓦利克山脉以南，地势最低，是"低地平原区"，面积占比约为 17%。格尔纳利河、甘达基河和戈西河从西瓦利克山脉的峡谷中奔流而出，携带了大量冲刷而下的土壤形成了冲积平原，即特莱地区（Terai），意思是"低处的湿地"。又称为"马德西"（Madhes），意思是"在山区和平原之间的地方"，马德西人（Madhesis）的称谓即源于此。可见马德西人最早是一个地理空间人群的概念，是尼泊尔北部对特莱平原居民的统称。[①]

特莱地区的面积约为 3.4 万平方公里，区域内遍布草原、森林和湿地，是尼泊尔的粮食主产地。整个地区呈长条形状，和印度北部接壤，南北宽度不超过 50 公里，最窄处仅有 5—6 平方公里。从自然地理角度看，特莱不是一个封闭的地理单元，而是整个喜马拉雅山地以南冲积平原的一部分。这个平原西起印度的北方邦、经过尼泊尔和印

---

① ［英］约翰·菲尔普顿：《尼泊尔史》，杨恪译，中国出版集团东方出版中心 2016 年版，第 6—7 页。

度比哈尔邦北部、西孟加拉邦、不丹到中国藏南地区。① 18 世纪尼泊尔廓尔喀王国扩张吞并了特莱地区，后来与英印政权几经交锋，最后才确定了尼泊尔与印度的政治边界。因此，作为尼泊尔北方山区和印度北部平原、特别是北方邦和比哈尔邦的地理与文化接壤和过渡地带，特莱地区在族群、语言、文化、政治和经济受到来自双方的影响。

2. 特莱平原的人口和族群状况

尼泊尔是印度雅利安族群和藏缅语族群交流融合的地方，呈现出民族和种姓的多样性特征。尼泊尔官方人口统计将该国的族群分为四大类：帕拉芭蒂亚人、涅瓦尔人、山区部落族群和马德西人。帕拉芭蒂亚人是雅利安族群，使用尼泊尔语，这种语言与印地语存在密切的亲缘关系。这个族群掌握了尼泊尔政治和文化统治权，大部分上层精英是帕拉芭蒂亚人。涅瓦尔人是世代居住在中部谷地的藏缅语族群，说涅瓦尔语。这个族群长期与帕拉芭蒂亚人交往融合，在语言、文化、宗教和社会结构上都受到影响，最突出表现在涅瓦尔社会也实行种姓制度。尼泊尔中部早期的马拉王朝就是涅瓦尔人建立的，城市文明达到了很高的水平。涅瓦尔人擅长工艺制造和贸易，在尼泊尔对外文化和经济关系中发挥了重要的作用。尼泊尔北部喜马拉雅高山地区有许多部落居民，如塔芒人、古隆人和夏尔巴人等，他们是讲藏缅语的族群，早期从中国西藏、缅甸、印度阿萨姆和孟加拉等地迁入。

特莱地区的族群构成比较复杂，最早居住在此地的是塔鲁人（Tharu）等部落族群。特莱平原每逢雨季（6—11 月）气候潮湿，盛行疟疾，外来人很难适应，而塔鲁人天生具有抵抗疟疾的能力，所以在相当长的时间里，他们是特莱唯一的定居者。18 世纪后期开始，信仰伊斯兰教的族群开始在特莱西部定居，邻近的印度地区说北方印地方言的印度教族群也来到特莱。很长时期，特莱人并没有统一的身份

---

① Frederick H. Gaige, *Regionalism and National Unity in Nepal*, Berkeley: University of California Press, 1975, p. 3.

认同。

从20世纪50年代起，尼泊尔政府在世界卫生组织的帮助下控制了特莱地区的疟疾流行，开始对特莱平原进行开发，外来移民逐渐增加。尼泊尔政府鼓励山地居民移民特莱，但因为气候和地理因素，特莱的大部分移民还是来自南方的印度北方诸邦。尼泊尔和印度边界长期处于开放状态，来自印度的移民数量增长很快，迅速改变了该地区的族群和人口构成。1981年在尼泊尔的印度移民人口已经达到800万人，大部分都居住在特莱地区。因为印度移民的涌入，特莱地区的人口数量也快速增长，占全国人口比例从20世纪50年代的35%，到1991年的47%，进而到2011年的50.27%。①

3. 特莱地区宗教、语言和文化的特征

尼泊尔是一个以印度教为主导的多宗教国家，全国人口有81.3%是印度教徒，佛教徒9%，穆斯林人口占4.4%。在特莱地区，印度教徒的比例为总人口的85%，高于全国平均水平，佛教徒为3.5%，低于全国平均水平，伊斯兰教徒为8.3%。② 在尼泊尔中部山地和南部平原虽然都是印度教占据绝对优势，但是区域性差异明显。南方的特莱平原更多受到印度的影响，在宗教特征上也与相邻的印度各邦有更多的相似性。

特莱地区在语言构成上也与尼泊尔其他地区有显著差别。在人口统计和学术研究上，一般将尼泊尔的语言分为两大类别：山区语言和平原语言。山区语言包括尼泊尔语、涅瓦尔语、玛噶语、莱语、林布语、塔芒语、森瓦语、塔卡利语和夏尔巴。平原语言包括印地语、乌尔都语、麦蒂利语、博杰普尔语和孟加拉语等。尼泊尔语是尼泊尔最主要的官方语言，尼泊尔全国以尼泊尔语为母语的人口为44.6%，

---

① 王宗：《尼泊尔印度国家关系的历史考察（1947—2011）》，世界图书出版广东有限公司2016年版，第320页。Central Bureau of Statistics, "National Population and Housing Census 2011（national report）", Kathmandu: Government of Nepal, 2012, p.3.

② Central Bureau of Statistics, "National Population and Housing Census 2011（national report）", Kathmandu: Government of Nepal, 2012, pp.10, 189.

这一比例在北部山区为 63%，而在南部的特莱平原仅有 26%，包括特莱地区在内整个尼泊尔都存在种姓制度的社会分层结构，和北部山区相比，特莱的种姓制度既有相似性，如婆罗门僧侣阶层至高无上的地位，也存在许多差异，如金银制品匠人在特莱地区是诸多手工艺者阶层中种姓地位最高的，但是在北部山区则被归于低于铁匠的不可接触者。有学者认为特莱地区的种姓制度与南部的印度各邦呈现更多的相似性。[①]

4. 现代尼泊尔的形成与"梵化"政策

上古时期的尼泊尔处于血缘部落时代，曾经被印度恒河平原的摩揭陀王国征服。公元前后涅瓦尔人在加德满都河谷建立了黎车王朝，与中国西藏的吐蕃和唐朝都曾经发生交往。公元 879 年，尼泊尔（涅瓦尔）纪年开始。公元 1200 年前后，马拉王朝在加德满都河谷建立，实施王族共治统治，后来分裂为以加德满都、帕坦和巴德岗为主的独立的城邦国家。

现代尼泊尔国家的形成始于廓尔喀国王普利特维·纳拉扬·沙阿（Prithvi Narayan Shah，1743—1775）。他利用各城邦之间的矛盾，在 1768 年统一了加德满都谷地，开始对外扩张。1775 年沙阿去世，他的继任者继续向周边扩张，控制了几乎等于今天两个尼泊尔面积大小的国土。1788—1792 年，廓尔喀王国向北入侵中国西藏，遭到清朝的打击，遂将扩张重点转向南部平原地区，与盘踞在印度加尔各答的英国东印度公司发生了冲突。1814—1816 年，廓尔喀与英印发生了战争，廓尔喀失败，签署了《赛高利条约》，被迫将南部 1 万多平方公里土地割让英国。[②] 1846 年，忠格巴哈杜尔拉纳担任廓尔喀首相，实行首相世袭制，国王大权旁落，尼泊尔进入长达百年的拉纳家族独裁时期。拉纳家族采取亲英的外交策略，出兵帮助英国殖民当局镇压

---

① Frederick H. Gaige, *Regionalism and National Unity in Nepal*, Berkeley：University of California Press，1975，p. 17.

② 王宗：《尼泊尔印度国家关系的历史考察（1947—2011）》，世界图书出版广东有限公司 2016 年版，第 25—26 页。

1857 年的印度民族起义。作为回报，英国将《赛高利条约》占领的土地还给了尼泊尔。

特莱地区乃至整个尼泊尔的社会和族群多样性很强，在相当长的历史时期，家庭、部落、村庄、种姓和族群的认同往往高于国家认同。一直到 20 世纪初期，"尼泊尔"这个名称才取代"廓尔喀"称为国家的正式名称。廓尔喀王国征服特莱地区时，当地的社会结构尚处在部落或部族阶段，部分农民是来自印度的移民。但是廓尔喀统治者对当地的管理体制安排上实施区别对待的政策，主要依靠山地的帕拉芭蒂亚人政治精英，任命贵族"柴明达尔"（Zamindaris）和政府官员的时候优先考虑来自北部的山地人或者长期居住在特莱的忠于廓尔喀的家族，实在找不到合适人选时才会考虑从印度平原来的移民。①在社会文化政策上，廓尔喀推行"梵化"（Sanskritization）政策，企图用带有强烈帕拉芭蒂亚族群特色的印度教文化来同化尼泊尔的其他人群，宗教法典中甚至规定帕拉芭蒂亚人的婆罗门地位高于平原（马德西）出身的婆罗门。这些做法导致特莱本地族群的不满，使得该地区长期无法融入尼泊尔主流社会，认同感也比较低。②

二 马德西运动的历史阶段

1. 君主立宪和"潘查亚特"体制时期（1950—1990 年）

1950—1951 年，尼泊尔第一次民主化运动，结束了拉纳家族的独裁统治，实行君主立宪和议会民主制改革。1955 年，国王特里布万去世，继位的马亨德拉转而扩大君主的权力。1960 年，他解散了大会党的内阁和议会，取缔了所有的政党和活动，以"潘查亚特"（Panchayat）取而代之，即以国王权力为核心的无党派行政评议制度。

1960—1990 年，国王马亨德拉和他的继任者比兰德拉都致力于

① Frederick H. Gaige, *Regionalism and National Unity in Nepal*, Berkeley：University of California Press, 1975, p.88.

② ［英］约翰·菲尔普顿：《尼泊尔史》，杨恪译，中国出版集团东方出版中心 2016 年版，第 59—63 页。

构建君主体制下的现代尼泊尔民族国家，实现了政局的相对稳定，推进经济建设，发展民生和教育。尼泊尔通过制定语言政策、教育制度和法律法规等手段塑造完整统一的国家认同，企图改变过去复杂分散的认同格局。但是当时包括王室在内的尼泊尔政治精英依旧是帕拉芭蒂亚人，历史上形成的族群中心主义的观念和政策没有被彻底反省和清算，一些不平等的制度和歧视传统不仅没有消除，反而通过各种政策和法规被延续和固定下来，在"潘查亚特"时期任何涉及族群差异和不平等的批评和讨论都被禁止。①

马亨德拉之后继任的比兰德拉国王是坚定的尼泊尔民族主义者，他不满印度对尼泊尔内政和外交的干涉，力主强化尼泊尔的国家认同和凝聚力。在比兰德拉看来，特莱平原涌入的印度移民和日益高涨的地区自治运动，对尼泊尔的国家安全和独立自主构成了威胁。比兰德拉时期，尼泊尔政府加强尼泊尔语在教育和大众媒体中的主导地位，努力消除地域方言、特别是印地语方言在特莱地区的影响力，禁止特莱官方使用印地语。

比兰德拉控制下的尼泊尔政府将全国划分为五个发展区，发展山区和平原之间交通道路，强化两地的政治与经济联系。尼泊尔进一步推行50年代开始实施的山区居民向特莱平原的移民政策，加快特莱地区的族群融合。② 比兰德拉的这些措施客观上促进了尼泊尔内部山区和平原族群的交往与融合，对建构尼泊尔国家认同起到了积极作用，但是由于政策推行过于急躁，缺乏充分的协商，特别是山区向平原的移民政策导致外来语本地族群间的矛盾和对立，反而引发了特莱地区基于马德西族群身份认同的反抗。

特莱地区因其特殊的族群结构及与印度的紧密关系，在这场运动中发挥了重要的推手作用。马德西人希望通过民主化运动提高特莱地区在尼泊尔的政治地位。早期的马德西自治运动是与尼泊尔反拉纳独

---

① Kalpana Jha, *The Madhesi Upsurge and the Contested Idea of Nepal*, Singapore：Springer, 2017, p. 25.

② 王艳芬：《共和之路——尼泊尔政体变迁研究》，社会科学文献出版社2013年版，第161—165页。

裁的民主化浪潮一起发生的。受到拉纳政权迫害的尼泊尔人逃往印度，在印度国大党和印度共产党等新型民主政党的支持下，于1947年成立了尼泊尔国民大会党（Nepali National Congress），开展反对拉纳独裁的政治运动。特莱是拉纳政权控制相对薄弱的地区，与印度的关系又比较紧密，自然成为这些政治力量活动的基地。马德西人的精英阶层也想通过反对拉纳的统治来实现自己的族群权利诉求。

1951年，Vedananda Jha成立了尼泊尔特莱大会党（Nepal Terai Congress），要求特莱地区的自治、马德西人在特莱地区政治体制中的平等地位以及承认印地语作为特莱地区的通用语。1956年，Raghunath Thakur建立了"马德西觉醒运动"（Madheshi Mukti Andolan），提出了更为激进的政治要求，如建立特莱自己的军队、警察，授予特莱自治政府立法权和经贸自主权等。Thakur还到印度面见总理英迪拉甘地等政要，寻求印度的支持。因为马德西问题的敏感性，印度政府担心过分干预会引起尼泊尔政府的激烈反应，只表达了关切，没有进一步的行动。① 1983年，从尼泊尔大会党脱离出来的印度裔尼泊尔政治家加·纳·辛格（Gajendra Narayan Singh）组建了"尼泊尔亲善委员会"（Nepal Sadbhavana Parishad），1991年又改组更名为"尼泊尔亲善党"（Nepal Sadbhavana Party），参加选举，争取马德西人的政治、经济和文化权利。在这次大选中，特莱地区选民的大部分选票并没有投给尼泊尔亲善党，而是支持尼泊尔大会党这些全国性主要政党。②

这是马德西自治运动的第一阶段，特莱地区马德西人的族群认同仍然在建构和融合的过程中，运动的领导人和政治组织大都脱胎于原有的政治权力结构，如尼泊尔大会党，影响力仅限于特莱马德西人上层精英。他们虽然提出了马德西人自治运动的初步理论和纲领，但是对普通民众的动员组织能力有限，因此在当地的政治选举中并未取得

① Nihar Nayak，"The Madhesi Movement in Nepal：Implications for India"，*Strategic Analysis*，35：4，644. Kalpana Jha，*The Madhesi Upsurge and the Contested Idea of Nepal*，Singapore：Springer，2017，p. 35.

② ［英］约翰·菲尔普顿：《尼泊尔史》，杨恪译，中国出版集团东方出版中心2016年版，第212页。

明显优势。

2. "人民运动"与 MJF 的成立（1990—2007 年）

1990 年尼泊尔爆发了反对君主专制的"人民运动"，主要领导者是尼泊尔大会党和几个共产党组织联合形成的"左翼联合阵线"，即后来以尼泊尔共产党（联合马列），印度和西方国家趁机对尼泊尔国王施加压力，迫使其作出让步，宣布废除评议会体制，重新开启民主政治进程。1990 年尼泊尔颁布了新宪法，确定尼泊尔为多民族和多语言的民主的君主立宪制国家，尼泊尔语是国语，其他各民族的母语或者地域方言为民族语言。尼泊尔官方改变了过去企图以帕拉芭蒂亚人文化和语言统一整个国家的政策，开始承认其他族群和部落的政治、经济和文化权利，开启了多元政治时代，大大激发了尼泊尔国内的族群身份政治。

第二次民主化后，尼泊尔大会党和尼泊尔共产党（联合马列）轮流执政，将共产党左派排除在外。因为两党都无法形成绝对优势，在大多数情况下只能联合其他党派组成联合政府，加之内部斗争激烈，政局仍然十分动荡，政府更迭频繁。1994 年第三大政党尼泊尔共产党（团结中心）分裂，普拉昌达等青年领袖在 1995 年组建了尼泊尔共产党（毛主义）。1996 年尼共（毛）开始武装斗争，号召推翻"反动政权"，建立新民主主义共和国，开启了尼泊尔现代历史上持续 10 年的"人民战争"。尼共（毛）基于意识形态，以阶级、民族为基础进行广泛的社会动员，为低种姓群体、少数民族和城乡贫民争取平等权利。特莱地区的人口超过尼泊尔总人口的一半以上，长期遭到尼泊尔社会精英上层的压制，因此成为尼共（毛）社会动员的主要对象。

"马德西人民权利论坛"（Madhesi Janadhikar Forum，MJF）就是在这样一个背景下逐渐发展起来，最后成为特莱地区马德西人自治运动的主要政治组织。该组织最初只是一个论坛式的言论平台，讨论马德西人在尼泊尔遭到歧视的问题，组织领导者大部分是尼泊尔大会党和尼共（联合马列）这两个主要执政党的成员。在"人民战争期间"，尼共（毛）支持特莱地区马德西人的政治、经济和文化诉求，促进了马德西自治运动的发展。MJF 也逐渐演变成一个政治行动组织，他们认为当时的主流政党都无法充分满足马德西人的自治要求，决定建立自己的政治组织，要求彻底的族群自决，在政治选举中按照人口比例保证马德西人的代表权，主张尼泊尔应该建立联邦共和国体制。① 这些主张得到了尼共（毛）的支持，MJF 的领导人也加入了尼共（毛）。MJF 该组织的成立标志着马德西自治运动进入了独立发展阶段。

"人民战争"这 10 年也是马德西人族群建构的关键时期。MJF 通过对特莱历史叙述的重建，突出特莱地区长期遭到尼泊尔北部政治精英（山地人）压迫和歧视的主线，将原本是地域人群概念的马德西人成功地转化成一个种族和族群概念。他们认为，马德西人是一个独立的民族，在语言、宗教和文化上与北部的山地人完全不同，因为北部人的压迫，马德西人的独特性和基本生存正在遭遇危机。②

3. 马德西政治力量的崛起与新宪法争议（2008 年至今）

2005 年 2 月，尼泊尔国王甲南德拉突然解散了民选政府宣布"亲政"，这一公然违背君主立宪体制的做法几乎遭到了所有政治力量的反对。尼泊尔议会的七个主要政党组成联盟和尼共（毛）实现了历史和解，共同发动了反对贾南德拉国王的人民运动，废除了君主制。2007 年 1 月，七党联盟与尼共（毛）签署了《尼泊尔临时宪法》（简称《临时宪法》）并商定召开制宪会议和选举。

《临时宪法》并没有完全满足 MJF 提出的允许特莱地区实施自治的政治要求，该组织 2007 年 1 月 16 日在加德满都发起了大规模的抗议行动，要求修改《临时宪法》，实施联邦制并重新划分选区。抗议后来升级为全面暴力冲突，被称为"马德西大抗议"（Madhes Bandh）。当年从 1 月到 3 月，MJF、七党联盟和尼共（毛）的支持者

---

① Kalpana Jha, *The Madhesi Upsurge and the Contested Idea of Nepal*, Singapore：Springer，2017，p. 35.

② Jason Miklian, *Nepal's Terai：Constructing an Ethnic Conflict*, Oslo：International Peace Research Institute，2008，p. 4.

之间发生了多次暴力冲突，互有死伤。特别是 2007 年 3 月 21 日在尼泊尔劳塔哈特县的高尔，MJF 联合来自印度的武装人员闯入尼共（毛）组织的一个政治集会上，枪杀了 27 人。从此之后，MJF 和尼共（毛）彻底决裂，从原先的盟友变为敌人。

事后，新成立不久的尼泊尔政府与 MJF 的代表展开对话。MJF 提出了一份多达 26 条要求的清单，包括成立专门的委员会来重新规划国家架构、在所有的政府组织中纳入马德西人、实施联邦制和比例代表制、撤销法院对 MJF 领导者的在"马德西大抗议"的刑事控罪、对抗议中受伤的马德西人进行赔偿等。经过数轮艰苦的谈判，双方最终在 2007 年 8 月 30 日达成了一个 22 点协议，包括实施混合选举制度，授予大抗议中被杀的马德西人以烈士的称号，将穆斯林节日作为公共节日等。2007 年 4 月，MJF 在尼泊尔选举委员会进行了政党注册，成立了中央选举委员会领导本党在尼泊尔的竞选活动，正式进入了尼泊尔新的国家政治框架。2008 年，MJF 提出了正式的竞选纲领，提出将尼泊尔建成一个总统制的世俗联邦国家，议事机构由上下两院组成，其中上议院为"民族院"。MJF 的纲领还要求尼泊尔各地区有自决权，有权成立单一的马德西人省，还提出增加尼泊尔军队中马德西人的比例。

2008 年 4 月，尼泊尔制宪会议议会选举，尼共（毛）、尼泊尔大会党和尼共（联合马列）分别获得 229、115、108 席位，MJF 获得 54 席，成为尼泊尔议会中的第四大政党。[①] 此后，MJF 充分利用其他三个政党之间的矛盾，合纵连横，施加影响力，推进本党的马德西自治诉求。2011 年，MJF 等马德西政党以支持尼共（毛）巴拉特伊参选第四人总理作为交换条件，于其签订了秘密协议，要求新政府征召 1 万名马德西人入伍独立建制。因为大会党和尼共（联合马列）都拒绝加入新政府，为了获取简单多数，尼共（毛）只能转而与马德西政党组成联合政府，为此让出了内务部长和国防部长等关键职位。

---

① 汪亭友：《尼泊尔共产党（毛主义者）的历史、执政及其嬗变研究》，社会科学文献出版社 2015 年版，第 232 页。

2015 年，尼泊尔第二届制宪会议正式通过了《尼泊尔宪法》。2016 年 11 月，尼泊尔共产党（毛）和尼泊尔大会党联合领导的尼泊尔政府在议会再次提出宪法修正案，建议在特莱地区设立新的省份来保障马德西人的权利。印度政府公开对提案表示支持，但是引起朝野各党派的激烈争论。①尼共（联合马列）和尼泊尔民族民主党坚决反对这项提案，尼泊尔全国人民阵线和尼泊尔工农党等政治团体也表达不满。他们认为这项提案既违背宪法，也不符合尼泊尔的整体国家利益，尼共（联合马列）主席奥利指明这个提案是在外国势力影响下的政治操作。这些政党发动自己的支持者上街抗议示威，给政府施加压力，局面一度失控。在各方压力之下，尼泊尔政府决定推迟议案的审议。此后的数月间，围绕修正案的问题，各方政党组织及其支持者进行了激烈的斗争。2017 年 3 月 6 日，马德西联合民主阵线（UDMF）在特莱拉杰比拉杰与尼共（联合马列）的支持者发生冲突，造成 3 人死亡、多人受伤的流血事件。为了表达对联合政府的不满，该组织宣布撤回对政府的支持。此次宪法修正案争议恰逢 2017 年 5 月尼泊尔进行地方选举，各方势力都加入混战，企图在即将到来的选举中赢得尽可能多的政治利益。

三　印度对马德西人自治运动的影响

第二次世界大战结束后在全世界范围内兴起的反殖民运动中，身份政治不仅用于被殖民地区人民争取独立的意识形态工具，还演化为业已独立的国家内部族群争取更多自治权利的工具。尼泊尔特莱地区的马德西人自治运动，是尼泊尔平原地区居民针对长期存在的阶级、地域和种姓压迫，为了反抗尼泊尔国家建构的山地人中心主义，构建出的马德西人身份政治认同。

1788—1816 年，尼泊尔沙阿王朝向南北两个方向的领土扩张遭到

---

① 中国新闻网网站，网址：http://www.chinanews.com/gj/2016/12－07/8086188.shtml，下载时间：2021 年 1 月 10 日。

了喜马拉雅山地区强邻中国清朝和英属印度的阻遏，最终确定了现代尼泊尔的基本领土疆域。此后尼泊尔也意识到自己在该地区地缘政治中所处的地位，确立了平衡外交的国际生存战略。但是，19世纪中叶以后中国清朝的衰落在某种程度上限制了尼泊尔的平衡战略空间，迫使其更多地倒向英属印度一方。这种"一边倒"的策略持续了整整一个世纪，直至20世纪50年代中期。[①] 这使得尼泊尔在政治、经济和文化上受到印度越来越大的影响。这个趋势在尼泊尔南部的特莱地区表现得尤为突出，尼泊尔与印度之间的"开放边界"促进了人员、物资和文化的流动，其中更多的是从印度到尼泊尔的单向流动。60年代，在特莱平原的大规模开发中许多印度北方地区的穆斯林人群移入，极大地改变了当地的人口构成。

在英属印度时期，英国殖民当局将尼泊尔视为保护其势力范围和免受北部大国威胁的屏障。独立后的印度完全继承了英属印度在喜马拉雅山地区的战略安排，将整个南亚和喜马拉雅山地区视为自己的势力范围，排除一切外部势力的介入。中华人民共和国成立后，随着西藏地区和平解放，印度政府将其视为在喜马拉雅山地区最主要的战略竞争对手。印度国大党的开国政治家、有"印度俾斯麦"之称的萨达尔·瓦拉巴伊·帕特尔（Sardar Vallabhbhai Patel）在印度独立后曾公开宣称，应该将尼泊尔纳入印度领土。[②]

1950—1951年，尼泊尔爆发了反对拉纳家族统治的民主革命，印度乘势全面介入尼泊尔的内部事务，通过一系列双边条约，对尼泊尔的政治、经济、军事和外交等领域进行渗透，最终建立了印尼"特殊关系"。尼泊尔和印度边界历史上保持着开放状态，1950年尼印签订的《和平友好条约》第七条规定"印度和尼泊尔政府同意在互惠的基础上给与两国公民相同的在彼此国家定居、财产权、参加商业互动、迁徙和其他类似特权"，强化了这种关系。1952年，尼泊尔国王特里布文更颁布了《公民法》，允许尼泊尔的印度移民获得公民身份。

---

① 王宗：《尼泊尔印度国家关系的历史考察（1947—2011）》，世界图书出版广东有限公司2016年版，第303—306页。

② L. E. Rose, *Nepal Strategy for Survival*, London：University of California Press，1971.

这样造成的最直接后果就是大量印度北部地区的印度人迁徙到特来地区，形成了若干新兴的城镇，改变了当地的族群构成和人口结构。特来地区的人口在短短的数十年中迅速增长，在尼泊尔全国人口中的比例由《公民法》颁布时的35%上升到2011年的50%。

马德西人基于族群认同发起政治运动，要求自治权利，不仅让尼泊尔南部的社会秩序恶化，更对尼泊尔的国家认同形成挑战，借助特莱地区印裔人口优势，马德西人政治势力对尼泊尔国家的政治生活产生越来越强的影响力。从某种程度上说，尼泊尔成为一个事实上内政"外部化"的国家，马德西问题就是印度控制和影响尼泊尔的一个重要抓手。

（执笔人：李晨升）

欧洲国家

法国的边疆少数民族及其
"自我管理"模式

　　法国宪法明确宣示：法兰西共和国是"一个和不可分的"（une et indivisible）。这种国家民族（État-nation）观念意味着在法兰西民族（nation）之下，没有任何其他群体可以分割国家民族的权威。因此，但凡涉及"少数民族"（minorité nationale）的事务，法国官方都会以法国不存在"少数群体"（minorité）为由加以拒绝。① 由于法国官方不承认法兰西民族内部存在"少数民族"，也不为其做出任何制度性安排，这些"少数民族"地区往往只是以"特殊地区"的标签存在于人们的社会认知中。这样的处理方式愈加使人产生一种"法国是单一民族国家"的印象。然而实际上，在法国边境地带，生活着多个具有自身语言文化特殊性的少数民族，只是在法国大革命爆发后，其所居住的传统地理区域被革命政权拆分并改，从名称上难以直接体现他们的集体存在；其语言也在第三共和国时期（1870—1940 年）被强行禁止使用和教授。面对巴黎的强权姿态，20 世纪下半叶以后，各少数民族都发起过地区民族主义运动，甚至成立了武装独立主义组织。在各地反抗巴黎集权的普遍斗争中，少数民族地区最终与国内其他地区一道，在 20 世纪 80 年代开启的一系列地方分权改革中获得了国家宪法承认的、有限的"自我管理"权利。

---

　　① 法国政府以"法国没有少数群体"为由不止一次地拒绝过相关国际性公约，比如《欧洲地区性或少数群体语言宪章》（La Charte européenne des langues régionales ou minoritaires），法国至今没有批准其在本国的施行。这是 1992 年欧洲理事会成员国共同签署的一项欧洲公约，旨在发扬跨文化主义和语言多样性的价值，保护和鼓励地区性与少数群体语言。

一 法国的边疆"少数民族"

今天的法兰西是一个族裔、语言、文化、宗教多样的社会。法国的国民多样性既表现为移民群体的庞大多元，也表现为本土少数民族的现实存在。在本土少数民族之中，对本民族身份认同感较强的包括：科西嘉人（les Corses）、布列塔尼人（les Bretons）、阿尔萨斯人（les Alsaciens）、加泰罗尼亚人（les Catalans）、巴斯克人（les Basques）等。而"少数民族"也不是笔者强加给他们的一个称谓，而是他们早已有之的自我认定：早在1927年，布列塔尼、科西嘉与阿尔萨斯三个少数民族的代表就曾联合成立过一个"法国少数民族中央委员会"（Conseil Central des Minorités Nationales de France）。①

法国本土少数民族与多数法兰西人的区别不在于种族，而是在于语言文化和融入法国的历程。法国少数民族语言被官方定性为"地区语言"（langue régionale）。"地区语言"与法语的区别，不同于我国各地方言同全国通用普通话的区别。在我国，除个别少数民族保有自己的语言外，各地普遍共享同一套汉语书写语言和语法，所不同的是各地的口音。而法国的"地区语言"在多数情况下是指少数民族的语言，包括科西嘉语、布列塔尼语、阿尔萨斯语、加泰罗尼亚语和巴斯克语等，其书写、发音、语法都不同于法语。

科西嘉语过去是科西嘉人的通用语言，与古意大利语接近，属拉丁语族。布列塔尼语曾是布列塔尼人的通用语言，属于古凯尔特语，无论是在发音，还是拼写方面，与英语或法语都存在较大差异。阿尔萨斯语是阿尔萨斯人通用语，与今天德国人讲的标准德语更接近。加泰罗尼亚语和巴斯克语是法国加泰罗尼亚人与巴斯克人的语言，加泰罗尼亚语属罗曼语族，而巴斯克语又称"欧斯卡拉语"（Euskara）最为独特，它并不属于任何一个印欧语系，其语系归属至今不能确定。历史上，尤其是法兰西第三共和国时期，由于

---

① 参见 Michel Nicolas, *Histoire du mouvement breton*, Paris, Syros, 1982, p. 78。

执政者有意强化法语在全国的统治性、排他性地位，儿童在学校中被禁止学习和使用法语以外的其他语言，少数民族语言由此陷入"濒危"境地。

除了语言文化方面的差异，这些少数民族的历史经历与融入法国的时间先后也不同。今天的法兰西版图直接承继自法兰西王朝国家，是法兰克统治阶层通过联姻、征战等方式在法兰西岛（包括塞纳河和卢瓦尔河中游一些分散的土地，其中包括巴黎等城市）的基础上逐步扩充而来的。"一些较大地区，比如中东部的勃艮第地区、中央高地核心地带奥弗涅地区、西南部的阿基坦地区、东南部多个地区，由于并入时间较早，在语言文化方面也较早地同化于巴黎所在的法兰西岛地区。"① 而地处边境、疆域大小不一的少数民族地区归属法兰西王国则普遍发生在 16 世纪以后，以 17—18 世纪居多，其中就包括布列塔尼（1532 年）、法国巴斯克地区（1449—1451 年和 1620 年）、阿尔萨斯（1648 年）、法国加泰罗尼亚地区（1659 年）和科西嘉（1768 年）。②

科西嘉不仅是上述少数民族中最晚开启"融入法兰西进程"的地区，而且还是远离法国大陆的一个岛屿。科西嘉岛是法国大革命前夕，热那亚共和国通过《凡尔赛条约》（1768 年）"转让"给法国的。在此期间，科西嘉人实际上已经独立建国（1755—1769 年）。在今天的法国行政区划中，整个科西嘉岛是一个享有特殊地位的"大区"（région）。

法国加泰罗尼亚地区处于整个加泰罗尼亚地区的北部，也被称为"北加泰罗尼亚"，是 1659 年法兰西国王通过《比利牛斯条约》（Traité des Pyrénées）从西班牙手中获得。法国加泰罗尼亚地区在今

---

① 陈玉瑶：《国民团结：法国的理念与实践》，社会科学文献出版社 2019 年版，第 86 页。

② 这其中还包括法兰德斯（Flandre）于 1668 年、弗朗什—孔泰（Franche-Comté）于 1678 年、洛林（Lorraine）于 1766 年归属法国，最晚的是位于法国东南部的尼斯和萨伏瓦，于 1860 年从意大利手中得到。法兰德斯、尼斯等地也拥有不同于法语文化的独特文化。参见 Jean-Jacques Dayries, Michèle Dayries, *La Régionalisation*, Paris, Presses Universitaires de France, 1978, p. 7.

天的行政区划中几乎涵盖了整个东比利牛斯省（Pyrénées-Orientales），该省位于法国南部，全省境内只有最北端的费努耶莱德斯市（Fenouillèdes）不属于加泰罗尼亚。

阿尔萨斯地处法国、德国和瑞士的交界地带，其归属法国的起点可以从"三十年战争"结束后《威斯特伐利亚和约》（Traité de Westphalie）的签订，即 1648 年开始算起。和约签订后，哈布斯堡王朝在阿尔萨斯的特权转交给了法兰西国王。在今天的行政区划中已经不存在以"阿尔萨斯"命名的地区，2015 年法国行政区划改革后，原来以"大区"身份存在的阿尔萨斯与相邻的另外两个大区合并，称为"大东部"（Grand Est）大区，但构成阿尔萨斯地区的两个省：上莱茵省和下莱茵省仍然保留不变。

法国巴斯克地区由于地处整个"巴斯克故土"的北方，因此也称"北巴斯克"。直到法国大革命之前，北巴斯克始终由三个省组成，其中，拉布尔省（Labourd）和苏尔省（Soule）于 1449—1451 年归属法兰西王国，下纳瓦拉省（Basse-Navarra）于 1620 年并入法国。历经多次行政区划改革后，该地区变成了今天的比利牛斯—大西洋省（Pyrénées-Atlantiques）西部地区。因此，在法国今天的行政区划中，完全找不到"北巴斯克"的影子。

布列塔尼是今天法国 13 个"大区"之一，占据着法国西北部伸向大西洋的整个半岛，与大不列颠之间仅相隔一条英吉利海峡。布列塔尼于公元 10 世纪实现统一，建立了独立公国，但时而附属英格兰国王，时而属于法兰西国王。[①] 1532 年，与法兰西签订《合并条约》后，布列塔尼才永久成为法兰西的一部分。与其他少数民族相比，布列塔尼融入法兰西的时间最早。

这些少数民族要么孤悬海外（科西嘉人），要么与他国隔水相望（阿尔萨斯人和布列塔尼人），要么与他国直接接壤（加泰罗尼亚人和巴斯克人），因而成了名副其实的"边疆少数民族"。由于大革命

---

① 参见陈玉瑶《布列塔尼人文化认同特性的产生、发展与现状》，《世界民族》2017 年第 3 期。

后历届政府对法兰西民族"不可分"理念的坚持，这些少数民族已经完全"消失"于今日法国的制度体系中。而政府使用的主要手段，一是对少数民族传统区域进行拆分并改；二是禁止教授和使用少数民族语言。

二 传统区域的拆分并改与民族语言的禁用

法国大革命是法国资产阶级反抗本国特权阶级的一场阶级革命，作为法兰西王朝国家的一部分，边疆少数民族地区的资产阶级不仅普遍支持，而且还都加入其中。阿尔萨斯派了代表参加全国"三级会议"①，还有许多人表示自己今后要将统一的法兰西民族作为自己首要的效忠对象，宣称"我们既不是布列塔尼人，也不是普罗旺斯人：我们是法兰西人，我们只听从法语下达的命令"②。

正是这种消灭旧制度、效忠新民族的意愿使边疆的少数民族愿意接受巴黎革命政权的领导和对传统区域的重新规划。根据 1790 年颁布的全国区划改革法令，国家不仅要成立新的"département"（省）以取代旧的"province"（省），原有的省际边界也被打破。全国被重新划分为 83 个新省，每个省的规模相对固定，都以一个较大城市为首府辐射方圆较小的周边领土③，为的是能在不到一天的时间内从省内任何地方骑马到达首府。很明显，"这 83 个省的划分只是出于理论上的考虑，完全没有顾及地方的实际情况"④。

在这种背景下，整个布列塔尼被分为五个省，"布列塔尼"的称谓从此被取消。组成法国巴斯克地区的三个旧省（拉布尔省、苏尔

① Pierre Maugué, *Le particularisme alsacien*, 1918 – 1967, Paris: Presses D'Europe, 1970, p. 18.

② Jean-Claude Caron, *La nation*, *l'État et la démocratie en France de* 1789 à 1914, A. Colin, 1995, p. 26.

③ 法国本土的面积（不包括海外省）共约 55 万平方公里，与我国四川省面积（约 48 万平方公里）最为接近，这样规模的国土又分为 83 个"省"，那么各省的大小可想而知。

④ Jean-Jacques Dayries, Michèle Dayries, *La régionalisation*, Presses universitaires de France, 1982, pp. 8 – 9.

省、下纳瓦拉省）全部取消并整体并入新成立的"下比利牛斯省"（Basses-Pyrénées，1969 年以后改称"比利牛斯—大西洋省"），"北巴斯克"从此在法国版图上消失。整个阿尔萨斯被分为两个省：上莱茵省（首府科尔马）和下莱茵省（首府斯特拉斯堡），"阿尔萨斯"的名称也不再保留。北加泰罗尼亚地区整体与其北方一个相邻的非加泰罗尼亚地区——费努耶莱德斯市，合并成立"东比利牛斯省"，"加泰罗尼亚"的名字从此匿迹。科西嘉岛整体被设立为一个省（首府巴斯蒂亚），但"科西嘉"的名称得以保留。虽然日后也经历过一些微调，但直到第五共和国建立，新省的建制、规模都基本沿用了大革命时期的模式。

行政区划改造完毕后，语言差异问题立即浮现出来。在封建的王朝国家时代，"人民完全被排除在政治生活之外，语言与习俗的多样性对于君主体制而言并不构成一个问题"[1]，但是在资产阶级主导的民族国家中，国民语言文化的不统一，妨碍了巴黎指令在全国各地的畅达。

于是，革命政府于 1790 年开始对全国的语言情况进行摸底调查。1793 年的调查结果显示，当时的 83 个省之中，只有 15 个省使用法语。[2] "从革命者的观点来看，崭新的统一民族就是要代替旧制度下的普遍差异。在某种程度上，对统一的痴迷反映了革命者的哲学信念，即只有文化上同质的民族才代表进步，而多样性则是倒退和迷信的残留。"[3]

然而在大革命之后，由于复辟势力的反扑，资产阶级完全掌握政权的时间并不长，"同质化民族"的信念虽然强烈，但付诸实践却存在很大障碍。这一国家民族建构信念直到法兰西第三共和国建立，资产阶级实现长期独掌政权，才开始得到贯彻执行。

---

[1] Gérard Noiriel, *Population，immigration et identité nationale en France XIXe-XXe siècle*, Paris：Hachette，1992，p. 94.

[2] 参见 Michel Nicolas, *Histoire du mouvement breton*，Paris：Syros，1982，p. 19。

[3] ［英］奥利弗·齐默：《欧洲民族主义（1890—1940）》，杨光译，北京大学出版社2013 年版，第 87 页。

法兰西第三共和国诞生于普法战争的背景，由于战争期间地方民众对法兰西民族和国家态度冷漠，第三共和国创建者"再度高举语言爱国主义旗帜，强调'讲法语的儿童是真正的法国人'"①。为此，教育部于1881年和1882年先后颁布了两部教育法，确立了共和国实行"免费、世俗、强制"的初等教育原则。这三项原则的确立意味着法兰西所有儿童都将在学校中接受统一教育，既包括"道德与公民教育"，也包括"军事爱国主义"教育。学习法语自然也是题中之义，由此，包括少数民族语言在内的所有地方语言开始在学校中被全面禁止。

这种通过国家强力推行、以让法语成为国家唯一语言为目标的政策被学者称为国家"单语主义"（monolinguisme）政策。在这种政策指导下，首都以外许多学校均出现了学生由于讲自己地区的语言而遭到惩罚的现象。"用法语给那些原本就不懂法语的孩子上课，而且还禁止他们说自己唯一知道的语言"②，第三共和国就是用这种强制同化的方式确立了法语在国民生活中的统治性和排他性地位。20世纪以后，广播、报纸、电视等大众传媒的迅猛发展更是加速了地区语言的消失。于是，就像当代学者看到的，"法国的民族建构政策非常成功地同化了大多数曾经人口众多的少数民族群体——包括巴斯克人（Basques）、布列塔尼人（Bretons）、奥克斯坦尼人（Occitans）和加泰罗尼亚人（Catalans）等等。而科西嘉人是唯一成功抵制住法国政府同化政策的群体"③。其实，科西嘉语也没有逃脱遭受"排挤碾压"的命运，只是相对于其他少数民族语言，科西嘉语的消失速度要慢一些，南方奥克斯坦尼人所讲的奥克语消失得最快。

重新规划国家行政区域，让省长以"国家代表"的身份在各地执行国家意志，是大革命时期巴黎革命政权重要的"集权"手段，在当

① 曾晓阳：《法国大革命对法兰西民族统一理论的全新诠释》，《世界民族》2013年第2期。

② Michel Nicolas, *Histoire du mouvement breton*, Paris：Syros，1982，p. 21.

③ ［加］威尔·金里卡：《民族国家中的认同政治》，刘曙辉译，李义天主编：《共同体与政治团结》，社会科学文献出版社2011年版，第138页。

时的历史背景下，此一措施的目的在于取消旧省特权和防止"联邦主义者"（吉伦特派）抗拒巴黎命令。然而一旦资产阶级完全而又长久地掌握统治权，这种中央集权体制就成了国家意愿的强力执行器，不仅巴黎以外的语言难以留存，巴黎以外的经济也变得普遍凋敝。

三　传统区域的恢复与地方分权改革

到 1947 年《巴黎与法兰西荒漠》（*Paris et le désert français*）这本直接推动全国行政改革的著作出版时，巴黎在人口、经济、行政、文化方面的过度膨胀，与外省的普遍凋敝已经形成非常鲜明的对比。在各省普遍的不满声中，科西嘉人、布列塔尼人、阿尔萨斯人等少数民族先是强烈抗议"巴黎国的殖民主义"（colonialisme de l'État parisien）[1]，紧接着于 20 世纪中叶开始普遍爆发了地区民族主义运动。

在这股地区民族主义运动潮流中，尽管许多少数民族地区都出现了以武力手段谋求独立的民族独立主义组织，如 1959 年成立的巴斯克"埃塔"组织（ETA）、1966 年成立的"布列塔尼解放阵线"（Front de Libération de la Bretagne，简称 FLB）、1976 年成立的"科西嘉民族解放阵线"（Front de Libération Nationale de la Corse，简称 FLNC）等，但发生在法国的这场地区民族主义与巴黎集权主义的较量，适逢二战后戴高乐主义意识形态在全国范围崛起这一大背景。因此，无论是在阿尔萨斯、布列塔尼还是科西嘉，戴高乐主义者主张的"完全而不回头地融入法兰西的统一中"[2]，还是占据了优势。当然，1958 年正式建立的法兰西第五共和国政府（也就是今天的法国）也没有完全无视地方主义者的合理诉求。在"省"之上设立更广阔的领土管理单元——"大区"的计划从 1960 年以后开始铺展落实。

这场领土"大区化"（régionalisation）改革的主旨是纠正以往的

---

① Pierre Coulmin, *La décentralisation*, Paris：Syros et ADELS, 1986, p. 26.
② Pierre Maugué, *Le particularisme alsacien*, 1918－1967, Paris：Presses D'Europe, 1970, p. 213.

区域发展严重失衡和"促进各大区经济与社会发展"①。正是在这场改革中，布列塔尼、科西嘉获得了"大区"的身份（statut），阿尔萨斯作为一个整体与洛林合并为一个大区，名为"阿尔萨斯—洛林大区"。经过1981—1983年的一系列地方分权立法，本土22个大区终于在1986年以"职能齐全"而又合法的身份出现在国家的行政区划版图中。但"北巴斯克"与"北加泰罗尼亚"没能像以上三个少数民族地区一样，获得以传统民族名称命名区位名称的机会，时至今日，它们只能以"历史文化地区"的名义出现在相关地区旅游部门的"游览地图"中。

地方分权改革以前，各省、市镇都是"国家行政区"，地方分权改革后，尤其是2003年修宪后，法国增设了大区（région）、省（département）、市镇（commune）三类"领土单位"（collectivités terri-toriales或collectivités locales，又译作"地方团体"）。大区、省、市镇既是"领土单位"，又是"国家行政区"意味着三者是构成国家行政的一个环节和组成部分，其法律人格被国家所吸纳，不具有独立的法律人格；而"领土单位"则具有"公法法人"（personnes morales de droit public）②的资质，其法律人格独立于国家且与国家平等，可以独立地享受权利和承担义务。③在管辖权方面，"国家行政区"专注于国家事务，"领土单位"负责地方事务。也就是说各大区、省、市镇从此后配备有两套权力运行体系。

那么具备"公法法人"资质是否意味着承认地方享有"自治"（autonomie）呢？答案是否定的。法国宪法第72条规定，"在法律规定的范围内，领土单位由民选议会自由地自我管理（s'administrer），拥有行使自身权限（compétence）范围内的监管权力（pouvoir

① Sylvain Barone（dir.），*Les politiques régionales en France*，Paris：La Découverte，2011，p. 29.

② 在法国法律体系中，通常将调整国家机关相互关系的法律，以及国家机关与私人关系的法律称为公法，而将调整私人相互关系的法律称为私法。参见张莉《当代法国公法——制度、学说与判例》，中国政法大学出版社2013年版，第2页。

③ 参见王名扬《法国行政法》，中国政法大学出版社1989年版，第43—44页。

réglementaire)"。

因此，包括少数民族地区在内的各领土单位拥有的是宪法赋予的"自我管理"范畴内的监管权力，而不是"自治"。所谓"自我管理"，在具体操作上是指，大区、省、市镇这三类领土单位的事务均由民选议会管理，体现"民选民治"的原则，省长不再控制地方议会的决定，也不再控制市镇长和地方议会议员的任免，只是总理和各部委在地方的代表。

"自我管理"与"自治"的主要区别在于：首先，两者的政治前提不同。"自我管理"的前提是国家由"集权"到"分权"的改革实践，享受"自我管理"的地区均由中央权力机构创设，是中央权力机构授权的结果；而"自治"的情况则因国而异，以西班牙为例，弗朗哥倒台后，集权的西班牙政权解体，西班牙各"自治区"的创建与宪法的制定批准几乎同步，因此各自治区享有的"自治"就不是来自中央政府的授权。其次，享受"自我管理"的法国领土单位与享受"自治"的自治区所拥有的权限也不同。领土单位没有立法权，立法权属于且只属于国家议会；而"自治"往往包含一定程度的立法权，或决定自我组织方式的权力。

因此，地方分权改革后，法国少数民族与全国其他地区一道，全部通过宪法赋予的"公法法人"地位，以各自所涵盖的行政地域为地理基础实行"自我管理"。布列塔尼人可以从整个"大区"的层面进行组织规划，巴克斯人和加泰罗尼亚人可以从"省""市镇"层面进行规划。阿尔萨斯人所处的"阿尔萨斯大区"虽然在 2015 年的大区改革①中并入"大东部"大区，但该地区原有的一些特殊权利（语言、宗教、教育）仍然保持不变。而科西嘉的地位最为特殊，直到2014 年创设"里昂大都会"（métropole de Lyon）之前，科西嘉始终是唯一一个宪法承认的享有"特殊地位的领土单位"（collectivité à statut particulier）。

---

① 2015 年，法国再次进行行政区划改革，将原有的本土 22 个大区合并为 13 个大区。其中，布列塔尼和科西嘉保持不变。

四　法国少数民族"自我管理"的内容与范畴

身份意味着权利，那么宪法承认的"领土单位"拥有哪些权限，也就是说，它们可以在哪些领域进行"自我管理"呢？根据"领土整合部"（cohesion-territoires）的官方解释，"领土单位"在住房、社会工作、城市规划、环境、区域规划、经济发展、文化、体育、旅游、学校交通工具等领域，拥有各自不同的、对国家权限具有补充作用的行政权限。具体来说，作为"领土单位"的"大区"主要负责经济发展、空间规划、非城市地带交通运输、对高中的管理和职业培训；作为"领土单位"的"省"的权限领域包括：社会工作（儿童、残疾人、老年人、积极团结收入①）、基础设施（港口、机场、省内公路）、对初中的管理、对市镇的援助等；作为"领土单位"的"市镇"权限涵盖：城市规划、住房、环境、学前机构和小学管理。此外，还有一些权限是这三类领土单位共享的，包括体育、旅游、文化、推广地区语言和大众教育。②

不难看出，法国本土所有领土单位享受的是普遍均等化的、有限的"自我管理"权利。"普遍均等化"表现为各领土单位按照相应的层级拥有相同的管理权限，如所有市镇都管理小学，所有省都负责初中，所有大区都负责高中，在这些方面，少数民族地区与一般地区的权限是平等一致的。这其中唯一能够体现地区差异的恐怕只有"推广地区语言"这一项。法国少数民族语言多被定性为"地区语言"，经历第三共和国的强制同化后，各地复兴本民族语言的意愿普遍强烈，少数民族语言问题始终是"自治主义者""独立主义者"的主要诉求之一，但由于国家不承认少数民族的集体存在，"推广地区语言"就成了国家变相回应少数民族语言诉求的一种方式，但这种"回应"所

---

①　"积极团结收入"（Revenu de Solidarité Active）是法国一项社会补助名称，该补助旨在为那些没有收入来源的人提供一份最低保障，补助金额视受助对象的具体家庭情况而定。

②　参见法国领土整合部官方网站：https://cohesion-territoires.gouv.fr/competences-des-collectivites-locales（最后浏览时间：2020年6月24日）。

对应的权限却是有限的。

这种"有限性"表现在各领土单位虽然拥有管理小学、初中、高中的权限,但只限于学校的"硬件"方面,制定教学内容、教学计划等"软件"的制定权限仍然属于国家。这意味着,法国的少数民族地区不可能像西班牙少数民族地区那样,允许公立学校使用、教授本民族语言,并使其成为自治区内与西班牙语具有同等地位的官方语言。在法国,只有身份特殊的科西嘉仍在与中央政府谈判科西嘉语在科西嘉的"并列官方语言地位"问题,并要求在本地公立学校中开设科西嘉语课程,其他少数民族只能在"推广地区语言"的范畴内寻找其他变通方法。

其他少数民族在推广本民族语言方面的变通方法就是绕过国家对公立教育系统的管控,成立教授"地区语言"的私立、半私立学校。① 布列塔尼语教育机构"蒂瓦纳"（Diwan）,1976 年开始创建,20 世纪 80 年代以后取得了日益瞩目的成就,不仅教授布列塔尼语,而且还使用布列塔尼语进行教学。巴斯克语学校被称为"伊卡斯托拉"（Ikastola）,最早于 1969 年开始创建;加泰罗尼亚语学校被称为"布雷索拉"（Bressola）,最早于 1976 年开始创建;南方的奥克语学校被称为"卡朗德雷达"（Calandreta）,最早于 1979 年开始创建;阿尔萨斯德语学校被称为"幼教起点双语学校"（ABCM—Associaltion pour le bilinguisme dès la classe de maternelle）,最早于 1991 年开始创建。

除教育领域外,"自我管理"权限范围的有限性还表现在各领土单位不拥有卫生、警察、财税等方面权限。因此,在此次新冠肺炎疫情危机中,法国没有出现像德国、西班牙一样,各州或自治区的应对举措与本国联邦（中央）政府不协调,各自为政的局面,民众普遍批评的,是这种卫生集权体制下的效率低下问题。与卫生方面类似的是

---

① 法国教育机构总体可分为四大类:公立学校、半私立学校（enseignement privé sous contrat d'association avec l'État）、简单半私立学校（enseignement privé sous contrat simple）和纯私立学校（enseignement privé hors contrat）。其中,前两类较为常见。

财税权限，虽然法律赋予各领土单位拥有"财政自治"（autonomie financière）①，并且为了确保"财政自治"还向领土单位提供了一些税收资源（包括一部分直接税和一部分间接税），但无论是转移给地方的额度占比，还是自主税收的税基税率确定，都需"在法律规定的条件下"划定、征收和使用，而西班牙巴斯克则拥有几乎完全独立于国家的财税体系。同样，法国各领土单位也不像西班牙巴斯克或加泰罗尼亚那样，拥有自己的警察体系。

可见，法国的民族问题有其独特的历史根源、时代背景和表现形式。法国大革命时期，旧制度下各地区的文化差异连同各地区的特权一道，被视为旧制度本身，从而成了"革命"的对象。资产阶级的完全掌权，愈加强化了同质化民族代表进步的信念。法国少数民族的传统区域正是在这样一种背景中被拆分并改，其语言也是在同样的执政信念中遭到禁止。如今，他们能以"公法法人"的身份在各自的"领土单位"框架内实行"自我管理"，实际上受益于全国各地对巴黎过度集权的普遍抗争。以实事求是的态度开展深入细致的调查研究，才能发现其所隐蔽的"民族问题"，才能看透"法国没有少数群体"的政治宣示只是一种说法，而不是事实。

（执笔人：陈玉瑶）

---

① 即《2004 年 7 月 29 日组织法》（Loi Organique du 29 juillet 2004）。

波兰的宗教认同与国民认同建构

　　在当今的欧洲国家中，宗教认同和国民认同结合得像波兰一样紧密的国家并不多见。在波兰，宗教认同和国民认同似乎不可分割地交织在一起。有88%的波兰人宣称与罗马天主教会有某种联系，经常凭借天主教徒的身份来说明他们自己是"欧洲人"或"西方人"而非操俄语的东正教徒、操德语的新教徒，也非犹太人或"东方人"。① 虽然语言容易让人们把波兰人与其他斯拉夫人联系起来，但是当他们被视作"东欧人"时，宗教很快就成为他们自我识别的一个标记。② 即使通俗文学作家也会引用基督教来表达波兰人关注的所谓"西方民族"定位。比如，波兰通俗文学作家利普斯基（Jan Jozef Lipski）曾经表示，"我们的文化是由10世纪来自西方的基督教信念、文艺复兴时代的启蒙思想与浪漫主义情怀相互渗透而形成的"③。同时值得注意的是，尽管有关波兰人的国民认同问题的讨论实际上大都必须考虑天主教因素，但是在波兰的英语和波兰语课本中，"否认天主教信仰属于国民认同问题"的观点却已为越来越多的年轻人所接受。④ 波兰人的宗教认同和国民认同问题是我们研究"一带一路"国家民族关系难

---

　　① 参见 Centrum Badania Opinii Społecznej CBOS, Komunikat z badań；Marzec 2005，http：//www. cbos. pl/SPISKOM. POL/2005/K_049_05. PDF Co łączy Polaków z parafią？〕Preface. Accessed 2007 – 12 – 14。

　　② 参见 Michael H. Bernhard, *The Origins of Democratization in Poland*：*Workers*，*Intellectuals*，*and Oppositional Politics*，1976 – 1980，New York：Columbia UP，1993。

　　③ Jan Jozef Lipski, *Katolickie Partstwwo Narodu Polskiego*, London：Aneks, 1994, pp. 52 – 53.

　　④ Michael H. Bernhard, *The Origins of Democratization in Poland*：*Workers*，*Intellectuals*，*and Oppositional Politics*，1976 – 1980，New York：Columbia UP，1993，p. 136.

以回避的话题。然而，相关问题在国内世界民族研究中未能得到应有的关注。希望本文所做的探讨，能够为波兰乃至欧洲民族问题研究提供点滴可供借鉴的思考。

一　宗教认同与国民认同的基本态势

众所周知，天主教会深深扎根于波兰社会。但是，天主教认同与国民认同之间的现实关系，通常比人们想象的要脆弱。透过当今波兰社会看似"司空见惯"的一些表象，我们很难体察到波兰人"宗教认同"和"国民认同"的特质及其背后的林林总总。波兰人的国民认同并非完全基于人口众多的天主教徒，以及天主教会长期以来所发挥的难以忽视的社会影响，而是被一段"根深蒂固"的国家历史记忆所支持。事实上，当今波兰天主教会中的许多神职人员都认为，天主教表面上所拥有的力量是虚幻的，它掩盖了民众对宗教所持有的普遍冷漠的态度，以及广泛存在的世俗主义社会现实。正如一位波兰天主教教会人士所言，在波兰"没有任何统计数字能够准确地表述宗教信仰问题"，对大部分的波兰人来说，"信仰只是一种模式化的心态，一种传统，以及一项极端表面化的声明"[1]。

当然，我们可以在波兰和波兰裔美国人的一些报纸杂志上找到一些相关图片，看到所谓传承"坚定的天主教信仰"和"根深蒂固的天主教传统习俗"的一些人"正在享有田园般生活"的画面。虽然他们看起来似乎不受现代世俗社会的影响，但难以否认的是，一种失落、沮丧的悲观情绪已其中间开始弥散。[2] 事实上，当今的波兰人大多认为，宗教认同和国民认同之间业已存在的"牢不可破的纽带"，代表着一种尚未脱离实际而存在的波兰人信念的依托。一些"虔诚的信徒"则强调，自己被"特定的反基督教的阴谋"或者"因现代文

---

[1]　参见 S. Markiewicz, *Partshwo i Kasciot w osce. Warsaw: Krajowa Agencja Wydawnicza Miastoikul nura polska doby przemyskowe: Wartodci Ed Hanna Imbs*, Wroclaw: Ossolineum, 1993。

[2]　参见 Silvia M. Meloche, "Typically Polish Catholic Worship in Rzeszow in 1994 – 1995", *Sarmatian Review*, 16.3 (September I)。

化传播引发的不确定危险"所围困。例如,有的天主教神职人员曾发出感叹:在当今的波兰社会中,通过色情业和广告等传播渠道,越来越多的人接受了其曾视为"新的、世俗的、左翼的、自由主义的观念"。在这部分人看来,接受现代世俗社会的相关理念,可谓接受了"以拒绝传统宗教和民族—国家为标志的国民认同"。因此,他们抨击国际媒体和学界"漠视波兰国家的存在,忽视波兰历史,并无视波兰国家荣誉感"。一些比较传统的波兰天主教徒则认为,宗教与民族—国家之间的联系并非取决于国民认同或多数人的宗教信仰,作为天主教民族—国家的波兰曾存在于"浪漫的过去",也或出现在"梦想的未来",而非令天主教神职人员懊恼的"充满世俗主义、自由主义和腐败现象"的今天。①

当1979年教皇约翰·保罗二世访问其祖国波兰时,曾经表示:"如果离开基督就不可能理解波兰的历史。"② 从历史上看,包括教会仪式在内的天主教文化,曾经影响波兰民众生活长达数个世纪,主教们长期处于权力的核心位置。其间,天主教理念一直为波兰的绘画、音乐和大众娱乐等所推崇。在遵循宗教生活日常惯例的基础上,波兰的教会通过使十字架成为宗教信仰的标识、设定纪念宗教的节日,以及出席星期日弥撒等举措,使自己的宗教逐步与新教、东正教和犹太教区别开来。其中,教皇保罗二世所发挥的作用尤为引人注目。比如,教皇以"基督居于全人类的中心"为视角,阐释了"高深层次的神学理念"。他还为"华沙受众"提供了"一个更加具体的参照点",强调"没有基督,就不可能理解和评价波兰人对人类过去和现在所作出的贡献"。事实上,保罗二世旨在通过阐明波兰民族—国家的发展与教会(作为国民身份的载体)演进之间存在相互依赖的关系,来唤起人们理解天主教国家波兰的历史与现实。在教皇看来,建构一种"波兰为人类文明发展所作出的贡献超出其承袭罗马天主教事

---

① 参见 Brian Porter, "The Catholic Nation: Religion, Identity, and the Narratives of Polish History", *The Slavic and East European Journal*, Vol. 45, No. 2 (Summer, 2001)。

② John Paul Ⅱ, *Return to Poland: The Collected Speeches of John Paul Ⅱ*, New York: Collins, 1979, p. 28.

业所创功绩"的理念至关重要。相关理念通过宗教认同的概念框架，为波兰历史赋予了特定的意义，可以帮助波兰人确定"应该被传承或忘却的历史记忆"。这一方法的政治学含义，也体现在 1981 年出台的团结工会的主张里，即"天主教把我们带入了更辽阔的欧洲祖国"①。应该说，天主教在很大程度上塑造了波兰文化的内容。在波兰处于分裂的时期，是教会成为支撑波兰国民信念的重要力量。波兰国民的伦理观也主要来自天主教理念。信奉天主教已经成为大多数波兰人的生活信念。他们相信教会在波兰和世界的历史上的作用并加以宣传，认为在国民教育中给予天主教理念恰当的地位是非常必要的。

　　法国学者米歇尔（Patrick Michel）关注到了波兰历史发展的这一特点。强调团结工会的主张"可将人们带回到公元 966 年梅什科洗礼时期，穿过 17 世纪的瑞典战场……直至国民认同得以确认的现代主权国家时代"②。诚然，天主教在波兰历史演进中所产生的影响难以计数。几个世纪以来，波兰的天主教在不同时期也呈现出不同程度的所谓包容性、多样性。不应忽视的是，即使天主教掌控波兰的时代，其撰写的相关叙述史仍然需要采用"巧妙的修辞方法"，以保证相关叙述可以免于遭受来自其他宗教的抨击。

二　宗教认同与国民认同的历史沿革

　　天主教在波兰历史上的霸主地位面对的首次挑战，发生在"宗教改革时期"。16 世纪，随着加尔文教在波兰的迅速传播，天主教、犹太教、东正教等彼此交融的现象进一步发展。到 16 世纪中叶，新教徒在波兰参议院已开始享有多数席位。1572 年，波兰共和国的贵族集团发表宣言，承诺"我们这些因信仰而分道扬镳的人，将维持彼此之间的和平，不因不同的信仰或教派而流血"。在贵族集团对宗教多样

---

　　① Jan. Kubik, *The Power of Symbols against the Symbols of Power*, University Park, PA: The Pennsylvania State UP, 1994, p. 252.

　　② Patrick Michel, *Politics and Religion in Eastern Europe: Catholicism in Hungary, Poland and Czechoslovakia*, Trans. Alan Braley, London: Polity Press, 1991, p. 43.

性保持开放心态的社会氛围下，加尔文教徒和天主教徒同样被视作"爱国者"。波兰在 16 世纪的欧洲因此得到这样的评价："宗教冷漠使天主教变得很脆弱，同时，官方的宽容使新教的成功无法得到制度性控制。"① 需要说明的是，由于历史、政治等多种原因，波兰天主教的研习者们往往否认或忽视这个宗教多元化时代的存在，坚持认为波兰一直是典型的天主教国家。

事实上，在波兰国家的历史演进中，非天主教徒并非一贯受到排斥。如前文所述，在 16 世纪波兰共和国时期，新教徒、犹太人以及其他宗教信徒的存在也是可以得到认可的。其相关传统可以追溯至 14 世纪。当时，波兰人的开放性文化不仅吸引了立陶宛人、白俄罗斯人、乌克兰人和亚美尼亚人，还吸引了德意志人（波兰人之前的敌人）和鞑靼人自愿与之联盟，成为欧洲第一个由不同国家背景、不同宗教信仰和不同语言的人们自愿结合的国家。"与基督徒为邻"、以"思想自由为念"遂一度成为波兰天主教的传统之一，波兰天主教会也称之为"我们的传统"。②

在波兰天主教徒看来，所谓"我们"是根据"基督所谓爱的理念"来界定的，认同"天主教包容性文化"的波兰人。一些西方学者认为，"多样性"在波兰社会曾经得到承认是不争的事实，但是需要正视在历史发展进程中相关特质呈现弱化的诸种表现。③ 事实上，波兰并没有因具有族体和宗教的多样性特质而支离破碎，相反，文化包容性的存在使得波兰国民可以接纳"他者的加入"，并期望所谓"他者"（"外国人"）最终会接受波兰（天主教）文化。当今波兰著名的天主教作家之一茨温斯基（Cywinski）在他的作品中也表达了类似的观点。他一方面承认波兰宗教改革的重要性；另一方面又坚信波

---

① Krystyna Olszer（ed.），*For Your Freedom and Ours：Polish Progressive Spirit from the Fourteenth Century to the Present*，New York：Frederick Ungar，1981，pp. 131 – 133.

② 参见 Adam Zamoyski，*The Polish Way：A Thousand-Year History of the Poles and Their Culture*，Material Press，2012。

③ 参见 Sabrina Ramet，*The Catholic Church in Polish History：From 966 to the Present*，Palgrave Macmillan，2017。

兰在历史上之所以几度发生分裂仍未消亡，其根源在于天主教会在波兰社会的长期存在，并成为"支撑整个波兰国家大厦的基本力量"。他强调指出，宗教改革的结果只是让新教在贵族和城市居民圈层中得以留存，而"波兰社会和国家仍然是天主教的领地"①。这就意味着，那些投身新教运动的人并非属于"具有包容性波兰社会"。在现实社会中，对于波兰历史的天主教视域解读，已渗透到包括语言学、历史学等在内的诸多学科的研究之中。波兰一位出版了20余部有关新教和宗教宽容书籍的历史学家，曾经给他的一部文集定名为"新教在波兰"，而非"波兰的新教"，同时还撰写了题为"波兰反宗教改革历史研究"的著述。② 显然，将形容词"波兰的"与名词"新教"直接连接起来是比较困难的。宗教的多样性可以存在于波兰国家之中，但那些宗教不可能都是国家的宗教。

在反宗教改革期间，天主教会致力于构建一个有关波兰历史与现实的天主教解读体系，以期消除当时宗教的分歧，并将新教移除于波兰历史。1658年，波兰历史上第一次出现了反对"异教徒"的宗教组织，即以驱逐非天主教徒为宗旨的"波兰兄弟会"。时隔10年后，波兰天主教徒皈依其他宗教信仰的行为被视作犯罪。1673年，波兰众议院规定非天主教徒不可成为贵族。1716年，政府颁布法令禁止建造非天主教祭拜建筑。此后，政府在1718年、1736年和1764年先后颁布了三个法令，针对众议院所有议员和国家行政部门所有公职人员建立了宗教检查制度。于是，波兰社会的宗教认同便与法律、政治制度制联系起来。有的西方学者在研究这一阶段历史时，认为"新教势力在波兰衰落的原因并非武力使然"，而是"天主教通过自我革新获得的力量"击垮了新教业已赢得的地位。③ 随后，波兰天主教与卡尔文

---

① 参见 Bohdan Cywinski, *Ogniem probowane: Z dziejow najnowszych Koscio la katolickiegow Europie srodkowo-wschodniei*, Tom I: Korzenie tozsamosci, Rzym: Papieski Instytut Studiow Koscielnych, 1982。

② 参见 Janusz Tazbir, *Reformacja w Polsce: Szkice o ludziach i doktrynie*, Warsaw: Ksiazka i Wiedza, 1993。

③ Jerzy Kloczowski and Lie Mullerowa (ed.), *Chrzescijaristwo w Polsce: Zarys przemian*, 996 – 1979, Ed. Lublin: Towarzystwo Naukowe Katolickiego Uniwersytetu Lubelskiego, 1992, p. 88.

教、路德教和"波兰兄弟会"之间的多维斗争接踵而至，天主教从中确立了自己在波兰的"国教"地位。①

启蒙运动的兴起为波兰人的宗教认同与国民认同的关系注入了一系列新元素。虽然在波兰没有出现法兰西人所追求的所谓"激烈的反教权行为"，但是波兰的启蒙运动确实按照许多保守派坚信"不可接受的新的世俗社会政治模式"，努力推进了波兰民族—国家的现代化步伐。其间，教会对教育的垄断地位被削弱了，诸多反教权的讽刺作品在具有阅读能力的公众中引起强烈反响，社会精英们的生活方式也越来越世俗化，教会不得不开始"防范自己免受启蒙主义政治理论家的攻击"。18世纪末期，波兰社会"宗教生活出现危机"，维系"天主教会与波兰国家的纽带"已日渐脆弱。波兰天主教历史学家对启蒙运动给教会与国家之间纽带所造成的侵蚀作出了回应。他们指出，许多知名的作家和政治家都被任命担任圣职，教会与国家机构的联系是密不可分的。② 事实上，当时波兰"教区和天主教修道院神职人员参加波兰启蒙运动有其特殊的原因，他们中的许多人都是18世纪下半叶知识革命的肇始者，在政治、社会和学术研究中发挥着至关重要的作用"③。波兰的天主教特性于是在国民认同中被保留下来，天主教会付出的"代价"是，"欢迎一些非同寻常的异端知识分子"，"重新回归天主教阵营"。需要说明的是，在波兰启蒙运动中涌现出的一些知名神职人员，从他们发表的反教权的著述看，很难给其贴上"天主教会神职人员"的标签。④ 所谓"异端分子""重新回归天主教阵营"的说法还有待商榷。

在波兰的宗教认同与国民认同的历史沿革中，一个难以忽视的

---

① 参见 Wilczek Piotr，"Some Aspects of Religious Debates in the Old Polish-Lithuanian Com-mon-wealth"，*Sarmatian Review* 19. 2，April 1999。

② Bogdan Szajkowski，*Next to God. . . Poland*：*Politics and Religion in Contemporary Poland*，London：Frances Pinter，1983，p. 117.

③ Jerzy Kloczowski and Lie Mullerowa（ed.），*Chrzescijaristwo w Polsce*：*Zarys przemian*，996－1979，Lublin：Towarzystwo Naukowe Katolickiego Uniwersytetu Lubelskiego，1992，pp. 649－650.

④ 参见 Bogdan Szajkowski，*Next to God. . . Poland*：*Politics and Religion in Contemporary Poland*，London：Frances Pinter，1983。

现象是，在处于多股势力纷争时期的波兰社会中，一度出现了"针对异教徒的宗教制裁举措与为国家独立而斗争的实践，达成了共同的目标指向"的态势。19世纪，在波兰人开展寻求"民族解放"和争取"社会正义"的斗争期间，"教会与波兰人民之间的传统纽带逐步得到了加强"①。通常说来，"宗教制裁"对波兰和世界其他地区从事民族主义研究的学者而言，基本都是耳熟能详的问题。有学者认为，民族主义自近代以来始终根植于某种宗教情感之中，甚至一些世俗化的民族主义者也不时会模仿传统的宗教礼仪惯例和神学模式作为民族主义的动员范式。② 有学者进一步指出，从某种意义上说，近代以来存在的民族主义理念，可以被理解为一种"公民宗教"，它掌控着由本国公民自己制定的"礼仪"，进而能够规范"人们对其自身国民归属的认同"。③ 因此，无论从通过组织教会对民族解放运动给予体制上的支持看，还是从民族主义政治家通过宣传给予民族解放运动舆论上的宣传看，对现代欧洲民族主义的研究几乎都有难以回避宗教的作用。波兰历史上天主教会的作用就是一个比较典型的实例。我们甚至可以断言，天主教会作为波兰近现代历史上难以忽略的组织机构，在维护国民认同和争取国家独立的斗争中起到了至关重要的作用。其间，教会在其组织的宗教活动中一直坚持使用波兰语，并力图维护传统的习俗在民间的传承。同欧洲的许多国家一样，波兰人的许多习惯亦植根于宗教崇拜，"如果没有得到教会的支持，波兰人对于异族统治的抗争则难以坚持那么长久"④。有学者在研究中关注到了相关发展态势，认为在19世纪的波兰，"教会经常是唯一具有波兰人特征的机构，波兰人的国民意

---

① Sabrina P. Ramet （ed.）, *Catholicism and Politics in Communist Societies*, Durham：Duke UP，1990，p. 125.

② Carlton J. H. Hayes, *Nationalism：A Religion*, New York：Macmillan，1960，pp. 164 – 176.

③ George L. Mosse, *Confronting the Nation：Jewish and Western Nationalism*, Hanover：Brandeis UP，1993，pp. 1 – 2.

④ Ewa. Jabtonska-deptuta, *Czyi moie historia popinac przeciw pradowi sumieri? Kosciotligia-zm*, 1764 – 1864, Paris：Editions，1987，p. 84.

识因而强有力地与天主教宗教认同关联起来"①。众所周知，波兰历史上一度为信奉东正教的俄罗斯和信奉新教的普鲁士瓜分并占领，因此宗教信仰似乎成为族体认同的一种标志性符号。在其经受俄罗斯化和德意志化的过程中，保持了相对自由的天主教会，毫无疑问地成为波兰人国民性赖以成长的重要场所。需要指出的是，德国"铁血首相"俾斯麦在德意志新教文化与波兰天主教文化斗争期间，并未强制割断天主教习俗和波兰民风之间的联系，波兰天主教会的民族主义特质因此获得了生成与发展的契机。②

尽管如此，波兰人的天主教认同与国民认同并未保持长久的"一致性"。在19世纪的大多数时间，天主教会本身脱离了波兰的"爱国主义事业"，最后成为波兰少数几个本土保皇派的堡垒之一。19世纪早期，华沙的"自由派精英"与天主教会经常发生冲突，而与在圣彼得堡和柏林的"保守当局"从形式上则"常常表现得更加亲密"。例如，在19世纪20年代开展的关于"离婚立法"的激烈辩论中，天主教会呼吁俄国沙皇政府着手打击反抗沙俄统治的波兰世俗社会精英。③1830年，只有少数几个神父不顾等级森严的教会机构的强烈谴责，支持发动反抗沙俄统治的暴动。④ 1832年，教皇格列高利十六世发表通谕，正式表示梵蒂冈对波兰问题的态度："我们必须服从神所建立的政府当局，没有人可以违反。"坚称：俄罗斯沙皇是一个"合法的君主"，波兰人应该服从沙皇统治。⑤ 1863年，波兰民族主义者再次掀起反抗沙俄统治的斗争，教会部分神职人员的态度与之前相比有所变

---

① Michael H. Bernhard, *The Origins of Democratization in Poland*: *Workers*, *Intellectuals*, *and Oppositional Politics*, 1976 – 1980, New York: Columbia UP, 1993, p. 136.

② 参见 Lech Trzeciakowski, *The Kulturkampf in Prussian Poland*, Trans. Katarzyna Kretkowska Boulder, CO.: East European Monographs, 1990。

③ Mirosław Piotrowski, *Na przełomie stuleci*: *naród-kościół-państwo w XIX i XX wieku*, Lublin: Klub Inteligencji Katolickiej, 1997, pp. 100 – 116.

④ 参见 Janusz Tazbir, *Reformacja w Polsce*: *Szkice o ludziach i doktrynie*, Warsaw: Ksiazka i Wiedza, 1993。

⑤ 参见 Vincent Viaene, *Belgium and the Holy See from Gregory XVI to Pius IX* (1831 – 1859): *Catholic Revival*, *Society and Politics in 19th-century Europe*, Belgisch Historisch Instituut te Rome, 2001。

化。据估计，大约有 15% 的教区神职人员视"反叛者"支持的政府为合法的国家政府，但是作为宗教组织天主教会，整体上的相关态度没有出现明显的变化。面对波兰人"反抗"沙俄统治的行动，教会仍然坚持"敦促反叛者放下他们的武器并且接受被统治的现实"①。在1863 年"暴动"结束之后，教会的保皇派因"不愿挑衅占领者政权而得到加强"。19 世纪 70—90 年代，沙俄采取的一系列强硬的"俄罗斯化"措施，使得一些神职人员纷纷步入波兰爱国主义运动"反对派"的行列，其"社会责任随之退缩至比较狭隘的宗教天职范畴"②。

事实上，在 19 世纪波兰兴起的爱国主义运动中，并未看见多少"虔诚的天主教徒"③。即使为维护爱国文学的地位，立场鲜明地表达爱国主义情怀的天主教作家的数量也是比较有限的。这部分人往往深陷于民族主义理想和天主教信仰之间的矛盾选择之中难以自拔。有的人将爱国主义著述做了秘密处理，"以免颠覆了其虔诚的天主教徒形象"。在其留给后世的作品当中，通常会有大段篇幅提及"精神"和"上帝"，后人可以从中了解基督教精神对 19 世纪民族主义解放运动兴起与发展的影响。追溯在 19 世纪 30—50 年代问世的波兰爱国主义文学成果，我们可以看到当时波兰一些著名作家从天主教神学家中分离出来的林林总总。④ 值得注意的是，19 世纪的波兰民族主义者大都表示愿意接受非基督徒进入其国家，比如他们中的一些人认为，犹太人"是构成波兰社会的一个重要组成部分"⑤。

在 19 世纪的波兰，人们通常会习惯接受的现实之一是，"坚守宗教信仰"远不及"关注国民生存"更为重要。即使在沙俄统治下

---

① Ewa. Jabtonska-deptuta, *Czyi moie historia popinac przeciw pradowi sumieri? Kosciotligiazm*, 1764 – 1864, Paris: Editions, 1987, pp. 240 – 245.

② 参见 James MacCaffry, *History of Catholic Church in the Nineteenth Century* (1789 – 1908), Vol. 1, Greenwood, 1988。

③ Mirosław Piotrowski, *Na przełomie stuleci: naród-kościół-państwo w XIX i XX wieku*, Lublin: Klub Inteligencji Katolickiej, 1997, pp. 390 – 396.

④ 参见 James MacCaffry, *History of Catholic Church in the Nineteenth Century* (1789 – 1908), Vol. 1, Greenwood, 1988。

⑤ 参见 Brian Porter, *When Nationalism Began to Hate: Imagining Modern Politics in Nineteenth Century Poland*, New York: Oxford UP, 2000。

"去波兰化"风气盛行的年代，天主教会的理念也并非波兰人唯一的展示其精神生活的思想平台。除讲述天主教故事外，他们还创作世俗神话、描写世俗习惯，以及传播波兰风情等。在 19 世纪 60 年代至 70 年代的波兰，大部分媒体为实证主义所主导，其坚持自由主义和反神教的主旨也比较鲜明。对具有阅读能力的人来说，可以通过阅读报纸、杂志和书籍不断获得相关信息。波兰的村议会基本未被成功实现"俄罗斯化"，农民得以时常参与到使用波兰语的公共机构（尽管只有很少的实权）开展的相关事务之中。同时，城乡居民均可以观看到使用波兰语表演的戏剧，文艺舞台也进而成为传播和界定国民认同的一个重要场所。除非在今天的立陶宛、白俄罗斯和乌克兰使用波兰语商店标志被严格禁止外，波兰人大部分的商业活动仍然使用波兰语。总的说来，在 19 世纪的波兰，大多数人不必依靠天主教会来维护自己的国民认同。

法国专门研究波兰与梵蒂冈关系的历史学家波多（A. Boudou），阐明了一个已为诸多波兰学者认同的观点。认为"教皇格列高利热爱波兰，并对其所遭遇的不幸感到悲伤"，但却觉得无能为力。① 我们可以从中在一定程度上进一步理解梵蒂冈的矛盾心理，以及天主教在波兰历史中的影响。多年以后，波兰教会公开为 19 世纪主教的保皇主义行为进行道歉。格莱普（J. C. Glemp）曾指出："我承认这是一个缺陷，我的几位尊敬的前任在华沙教区服务时对沙皇有所畏惧。"但同时又以沙皇暴政的强大淫威对天主教会造成的威慑、恐惧为由，来为天主教会的相关行为进行辩解。天主教会公关人员茨温斯基（B. Cywinski）承认，波兰天主教会在 19 世纪的角色是"模糊不清"的，对教会当中"爱国主义知识分子"的重要影响应给予肯定，当时波兰主教的保皇主义立场和行为应受到批判。同时，他又强调指出"天主教会给予了波兰农民国民意识萌发的基本力量"，在波兰历史上的分裂时代，"天主教会一直发挥着社会整合的作用"，波兰因此成为

---

① Adrien Boudou, *Stolica Swigta a Rosja*, Trans. Zofia Skowronska, Krakow: Wydawnictwo, Ksiezy Jezuitow, 1928, pp. 190 – 194.

"有信仰的国家，其思想生命力的所有宣示都源自一种宗教理念"。在茨温斯基看来，波兰的非天主教徒可被统一定义为不失信仰的"天主教社会"的"边缘阶层"，19世纪的波兰是由"信奉天主教的农民"和"俗界知识分子"所主宰的世界，前者支持恢复"天主教执掌政治"的国家体系，而后者对于国家体系执掌者的指向却保持了沉默的态度。[1]

三　宗教认同与国民认同的发展走向

20世纪早期，部分学者提出波兰国家的本质是信奉天主教，并强调天主教认同是识别波兰国民认同的必要标识。相关思考一经提出，便引发了激烈的争论。[2] 争议的核心内容是所谓的"犹太问题"，许多学者称之为"典型的波兰问题"。致使人们相关认识产生分析的焦点在于，争辩双方就波兰国家是多民族国家还是单一民族国家各执一词。期间，"波兰—天主教"（强调波兰是天主教徒的国家，天主教是波兰国民认同的基石）的说辞，在政治精英的竞选中，被主张"反犹"的激进"右翼"用来否认"犹太人属于对社会安全尚未构成威胁的族体"。值得注意的是，在20世纪20年代至30年代，许多天主教徒接受了这一说辞。一些比较有影响力的教会出版物开始释放"不能容忍"和"极力排斥"犹太人的相关信息。[3] 之前，那些被用于抵制、打击新教和东正教的"波兰天主教排斥程式"，成为反犹太主义势力所追捧的工具。尽管相关行径所表达的宗教仇恨，可能基于历史悠久的宗教传说，但是，天主教会与种族主义"右翼"分子结盟所犯下的暴行，并不会因此获得在波兰历史上可以被抹去或忽略的理由。[4]

---

① Bohdan Cywinski, *Ogniem probowane：Z dziejow najnowszych Koscio la katolickiego wEuropie srodkowo-wschodniei*, Tom I：Korzenie tozsamosci, Rzym：Papieski Instytut Studiow Koscielnych, 1982, pp. 43 – 87.

② 参见 Bogumit Grott, *Nacjonalizm chrzescijariski*, Krakow：Universitas, 1991。

③ 参见 Ronald Modras, *The Catholic Church and Antisemitism：Poland*, 1933 – 1939, Chur Switzer-land：Harwood, 1994。

④ 参见 Jan Blonski, *Biedni Polacy patrzq na getto*, Krakow：Wydawnict, pp. 46 – 47。

二战后，随着大多数犹太人在大屠杀中丧生、逃亡，立陶宛人、白俄罗斯人、乌克兰人和德意志人被强行驱逐，以及战后国家边界的重新划定，"波兰的宗教是否存在多样性"似乎已经成为一个没有争议意义的话题。有学者指出，"波兰边境向西移动约 500 公里意味着，在波兰历史上第一次使得国家的宗教与国民同源了"，波兰在东欧因此拥有了唯一性。① 今天，在许多波兰人的心目中，尽管还有部分"外族人"或"少数族裔"生活在波兰国家的边界之内，但是波兰人的宗教和国民始终是同源的。战后初年，曾经生活在波兰的"外族人"基本消失了，天主教的影响变得比以往任何时候都更容易提升，一些相关的社会学调查也因此努力找寻相关的历史依据。当然，学界对于相关的统计数字的来源和准确性一直存在争议，其说服力始终未能得到公认。在"东欧剧变"之后，声称天主教信仰能够体现国民精神的说法，以及关于宗教信仰或实践的人口数据，都一直停留在历史层面的探讨之中。②

部分学者坚持认为，天主教实际上定义了波兰国家。其依据是，天主教主宰波兰历史的印记一直延伸至今天波兰的政治语汇中，在关于波兰 1997 年宪法的辩论中表现得尤为突出。比如，作为波兰天主教政治家之一的克扎克勒夫斯基（M. Krzaklewski），率先抗议波兰1997 年宪法草案案文过于世俗化。宣称："如果人们大都认可波兰历史上有些事实是不能公开解释的，'宗教和解'就是其一。事实上，波兰的价值观体系以及后来的宪法立法都以天主教的价值观为基础的，它将矛头明确地指向秉持不同宗教观点、信念和信仰的族体。"③从法律上说，波兰社会应是包容多样性的，"持有不同宗教信仰的人"可以得到法律保护。但从事实上看，其本质依然是"天主教国家"。

---

① 参见 Bogdan Szajkowski, *Next to God... Poland*：*Politics and Religion in Contemporary Poland*，London：Frances Pinter，1983。

② 参见 Stanislaw Markiewicz, *Partshwo i Kasciot w osce. Warsaw*：*Krajowa Agencja Wydawnicza Miastoikulnura polska doby przemyskowe*：*Wartodci Ed Hanna Imbs*，Wroclaw：Ossolineum，1993。

③ Marian Krzaklewski, Speech before the National Assembly of Poland, 25 February 1997, http：//ks. seim. gov. pl：8009/forms/kad. hte.

　　在波兰，天主教认同对国民认同产生了至关重要的影响，两者具有密不可分的关系。自 966 年波兰正式接受拉丁礼起，罗马天主教就在这个国家的宗教、文化和政治生活中扮演着举足轻重的角色。大战结束后，亲苏的波兰统一工人党政权，允许天主教会继续"履行职责"。1978 年，波兰人保罗二世担任教皇后，进一步强化了天主教会的影响。保罗二世曾断言，如果抛开天主教来思考波兰国民传统，就无法完整地理解波兰。① 大部分波兰人信奉天主教已经成为波兰文化的重要特色。然而，值得注意的是，将非天主教徒和反神教者排除在波兰历史与现实之外，实质上是在勾画具有误导性的场景。天主教在波兰并不从来就是一统天下。两次世界大战给世界带来的灾难，已经让世界各族人民认识到，对于古典民族主义所追捧的"一族一国"的传统理念及其实践方式不能再抱有幻想。建立和发展各民族共同繁荣、开放包容的族际秩序，已经成为波兰乃至欧洲社会的理性选择。

（执笔人：刘泓）

---

① 参见 Ronald Modras, *The Catholic Church and Antisemitism*: *Poland*, 1933 – 1939, Chur Switzer-land: Harwood, 1994。

波兰地方文化与地方认同的重塑

在欧洲历史上，波兰是一个人口较多、多灾多难的国家。每当遭遇外国势力侵略时，波兰人就会不断反抗。虽然许多起义都以惨败告终，但这并没有使波兰人垂头丧气。最终，波兰成为独立的国家。20世纪40年代，受苏联影响波兰实行了"共产主义制度"。1989年，波兰"共产主义制度失落"之后，波兰人获得了自由经营私人企业的机会，并向世界表明波兰人是具有高度创业精神的民族。许多波兰人随之创办了私人企业，其中视频游戏《巫师》系列开发商等已成为世界知名企业。根据欧洲委员会近年发布的一份报告，波兰是欧洲劳动量最大的国家之一（排名第二）。该报告还显示，从事职业活动的波兰人每周平均工作40多个小时。同时，波兰也是一个具有争议的国家。在一些欧洲人看来，波兰是"一个保持了民族和文化特性的社会。历史上波兰人的自我定位是，拒绝任何外来经济、文化和政治上的统治"①。"泼水节"等波兰人沿袭的一些源于斯拉夫原始信仰或民间传统的习俗，被一些欧洲人视为"最出人意料的习俗"。

近代以来，波兰的民族文化得到逐步发展。19世纪末，波兰的民族设计开始起步。1892年，在波兰的建筑中开始体现斯坦尼斯瓦夫·维特凯维奇创造的扎科帕内风格概念。20世纪20年代，"克拉科夫工坊协会"成立，艺术家和手工艺人获得了交流合作的平台。波兰人随之对民间艺术的认识也发生了变化，通过新的视角，创造新含义的民族设计开始蔚然成风。1925年，在巴黎举行的国际装饰美术与现代

---

① 参见 Janusz Mucha，"Polish Culture as the Nation's Own Culture and as a Foreign Culture"，in *East European Quarterly* 34，2000。

工业展览会上，"斯特瑞延斯卡的玩具"系列获得了殊荣，其作品以大胆的设计和华丽色彩引起人们的关注。二战之后，陶瓷、柳条制品、装饰美术以及各种织物被复兴。近几年的民族设计越来越着眼于未来，对流行的趋势保持一定距离的同时充满幽默感。波兰现代的民族设计实践表明，在尊重传统文化的基础上需要对创作理念和方法加以不断地创新。波兰人为世界文明文化的演进作出了重要贡献。著名的音乐家弗雷德里克·肖邦演奏的乐曲几乎家喻户晓。波兰电台和电视新闻节目经常提到肖邦国际钢琴比赛的信息，跟有关足球赛的报道几乎一样多。1927年创办的"肖邦国际钢琴比赛"在波兰首都华沙每5年举行一次。

在欧洲城市通过"文化"重新定义自己，努力吸引游客、投资者和移民的时候，波兰的政策制定者却不得不对国家政府和欧盟定义的不同的"地方文化"概念进行讨论。本文基于对1990年以来波兰格但斯克市城市景观重建的研究，探讨了市政府和国家机构将"地方文化"重新定义为"自由文化"，以建立格但斯克在多元文化城市时代与"后社会主义时代"之间历史连续性。本文提出的论点是，虽然将"地方文化"表述为"自由文化"看似有助于民族认同概念与地方、区域和欧洲一体化的新规范相协调，但此举不一定意味着对民族主义的超越。

一　重塑地方文化和地方认同的背景

20世纪90年代以来，波兰对"地方文化"的重新定义深受欧盟在文化、政治和城市转型领域的政策影响。欧盟文化政策引人注目的原因之一是，它可以在不同的地方产生不同的影响，尤其是它可以被不同的地方机构和社会活动家为实现自己的目的重新解释或执行。欧盟自成立以来，一直试图打造一种能够超越民族主义的欧洲文化或"主体性观念"①，在其政策范围内"允许根据共识性的方案探寻一种

---

① M. Sassatelli, "European Cultural Space in the European Cities of Europeanization and Cultural Policy", *European Societies*, Vol. 10, No. 2, 2008, pp. 225 – 245.

超越民族疆界的秩序"①。如"欧洲文化之都"等创意随之发挥了重要作用。虽然，欧洲人基于历史一致性打造的欧洲认同已经被提至欧盟的议程，但是，欧盟的文化政策却不同程度地与民族或其他形式的"地方文化"处于彼此抗衡的状态。②

在过去几年中，欧盟一直在努力通过促进区域文化发展来打造欧洲文化空间，以便为社会经济增长奠定基础。因此，欧洲各区域正在通过重新界定地方文化遗产、文化独特性等自己的地方认同标识，寻找新文化的发展机会。③ 于是，促进被选定地区的旅游业发展的举措，获得了更充分的政治合法性。然而，欧盟鼓励经济同质化进程的同时，相关方案也推动了多样文化的发展，以及欧洲社会差异化的产生。④

众所周知，欧盟在打造欧洲层面认同时使用了"求同存异"等理念，但是并没有推倒民族身份等其他层面的认同。从这个意义上说，表象上占主导地位的相关理念，实为模棱两可的原则，在实践中它可以因场景的不同而被以不同方式进行操纵。因此，通过"求同存异"来培养人们对欧洲文化遗产的认同，也可能导致对于地方认同和民族认同的重新诠释，并使之与欧洲一体化或全球化的发展相协调。我们在本文中，主要关注欧盟成员国之间"妥协"形式。事实上，欧盟成员国的相关政策长期以来侧重于建立单一的民族认同，一些国家中的"地方认同"有时具有比较宽泛的含义，可能在政治和经济权力中心

---

① K. Eder, "Integration through Culture? The Paradox of the Search for a European Identity", in K. Eder and B. Giesen (ed.), *European Citizenship between National Legacies and Post national Projects*, Oxford: Oxford University Press, 2001, pp. 222 – 244.

② I. Bellier and T. M. Wilson, "Building, Imagining and Experiencing Europe: Institutions and Identities in the European Union", in I. Bellier and T. M. Wilson (ed.), *An Anthropology of the European Union: Building, Imagining and Experiencing New Europe*, Oxford: Berg, 2000, pp. 1 – 27.

③ M. Demossier, "Introduction", in M. Demossier (ed.), *The European Puzzle: The Political Structuring of Cultural Identities at a Time of Transition*, Oxford: Berghahn, 2007, pp. 1 – 12.

④ R. Johler, "The EU as a Manufacturer of Tradition and Cultural Change", in U. Rockel (ed.), *Culture and Economy: Contemporary Perspectives*, Aldershot: Ashgate, 2002, pp. 221 – 230.

之外，与国家认同相冲突，或折射出国家认同的相关内涵。①

当代波兰可视为欧盟成员国重新定义地方认同和地方文化的一个范例。在相当长的一段时间里，波兰一直被欧洲人视为中央集权的国家。因此，它把民族国家治理的重点放在单一民族身份的建构上。波兰人对民族特性的强调可以追溯到 19 世纪。当时，波兰民族还是没有政治主权的文化共同体，其文化边界在区分波兰人和其他族体方面发挥了重要作用。② 波兰民族概念是在两次战争之间国际政治悬而未决的时期出现的，当时的波兰民族被视为单一的、同质的、讲波兰语的天主教徒族裔实体。战后，"社会主义"的波兰努力推动了民族认同的建构和民族主义的发展，将波兰人和"局外人"区分开来。在当时的波兰社会中，天主教会是唯一独立于"社会主义"国家的准政治法律组织，它强调波兰的族性与天主教之间的联系，因此波兰人的身份认同在很大程度上可视为根据族性而非领土划分的。

1989 年"剧变"发生以后，波兰人认为必须重新解释波兰民族自己的历史，重新思考与邻国和"大欧洲"的关系。自 19 世纪以来，经历过与来自东方"野蛮人"的斗争，波兰人一度似乎已经习惯于充当欧洲发展的"殉道者"。③ 然而，波兰人将波兰定位在西方和欧洲国家的诉求在 1989 年之后日益增强。④ 现在，在欧盟的激励下，"欧洲"已成为波兰人集体认同的组成部分。⑤

自波兰加入欧盟以来，一直把促进地方文化发展列入其重要议

---

① G. Creed, *Masquerade and Post-socialism: Ritual and Cultural Dispossession in Bulgaria*, Bloomington: Indiana University Press, 2011.

② J. Lukowski and H. Zawadzki, *A Concise History of Poland*, Cambridge: Cambridge University Press, 2006, pp. 135 – 136.

③ N. Davies, *Heart of Europe: The Past in Poland's Present*, Oxford: Oxford University Press, 2001, pp. 300 – 303.

④ A. Orla-Bukowska, "New Threads on an Old Loom: National Memory and Social Identity in Postwar and Post-communist Poland", in R. N. Lebow, W. Kansteiner and C. Fogu (ed.), *The Politics of Memory in Postwar Europe*, Durham: Duke University Press, 2006, pp. 177 – 209.

⑤ M. Galbraith, "Poland Has Always Been in Europe: The EU as an Instrument for Personal and National Advancement", *Anthropological Journal of European Cultures*, Vol. 20, No. 2, 2011, pp. 21 – 42.

程。事实上，欧盟对成员国不断施加压力，要求其建立组织架构处理资金拨付问题，试图通过权力下放给成员国地方政府，以应对其属下民族国家的权力让渡问题。因此，波兰许多地区都将其地方认同重新定义为不同于其他地区，也不同于以前政治体制倡导的单一民族的、"独具特色"的文化认同。波兰各地区和城镇随即开始重寻其文化传统，重建城镇中心、重创具有"族裔"特色的街区，以及修复历史建筑等。充分利用欧盟提供的相关资金来促进地区发展，已成为波兰地方政府优先考虑的工作事项。值得注意的是，地区认同与民族认同在波兰是存有差异的概念，文化单一性而不是多样性在大众话语中比较突出，[①] 促进地方文化发展因此可能会产生意想不到后果。

在波兰历史上，位于波罗的海沿岸城市格但斯克是一个有争议的地方，其"地方文化"的界定颇具挑战性。格但斯克是波兰波美拉尼亚省的省会城市，也是波兰北部沿海地区的最大城市和最重要的海港。这座城市在经历了 1989 年"剧变"、市场经济变革和波兰"入欧"的风雨后，正从工业经济向服务业主导型经济的转变，在城市社会场景中占据主导地位的信贷和金融机构的分支纷至沓来。恢复该城市历史建筑的大部分资金由欧盟提供，相关修复举措突出了格但斯克对欧盟政治经济体制深度依赖。现在，该城市试图通过"文化特色"来重新定义地方认同，以吸引游客、投资者和潜在的居住者。然而，就像在其他许多波兰城市一样，被认为是"遗迹"的"地方"在格但斯克并不容易辨认：一方面，在官方话语中，"社会主义"的历史很难被描述为"地方传统"的一部分；另一方面，鉴于 1945 年之前该市主要居住着讲德语的人，因此没有任何 1989 年之前的"地方传统"可以用作识别地方文化的标识。[②] 1945 年 3 月，当格但斯克成为波兰的一部分时，国家的首要任务是维护波兰人认同，将波兰人从落

---

① R. A. Parkin, "Regionalisation in Eastern Europe: The Case of Lubuskie, Poland", *Anthropological Journal of European Cultures*, Vol. 22, No. 1, 2013, p. 119.

② 参见 C. Tighe, *Gdańsk: National Identity in the Polish-German Borderlands*, London: Pluto Press, 1990。

入苏联的领土上迁出，并按照波兰传统重建这个城市。① 需要说明的是，明确界定"地方文化"是一项具有挑战性的任务，战后定居在格但斯克的波兰人都已耳闻目睹了针对无法逃离该市的德国人的暴力行径。因此，几乎没有任何老市民愿意与年轻一代沟通关于"旧时光"的记忆。② 在"社会主义"时期，中央政府和地方政府都不断推进城市的波兰化进程，从理念上讲，建构反对民族认同的地方认同的设想是难以落实的。1989 年后，市议会的工作重点是消除"社会主义"的物质和精神痕迹。然而，消除"社会主义"的痕迹难以与促进地方认同或文化多样性并行。从这个意义上讲，波兰中央和地方与欧盟机构为塑造波兰各地不同的地方认同而做出的努力不尽相同。20 世纪90 年代后期，如何将国家认同与地方、区域、全球一体化的新准则相协调等问题随之也应运而生。

二 重塑地方文化与地方认同的举措

2007—2011 年是格但斯克利用欧盟资金发展地方文化的重要时期。波兰当时处于重大变革期，识别"地方遗产"成为波兰政府的工作重心。2007 年，主张减少市场限制的亲欧盟政党"公民纲领党"获得了国家议会和格但斯克地方议会选举的胜利。该党在格但斯克成功击败了保守的"法律和正义党"，后者作为波兰天主教徒组建的政党，在 2005—2007 年曾执政于波兰政坛。③ 随着"公民纲领党"的崛起，欧盟发展基金不断流入格但斯克，同时该市被推选为 2012 年"欧洲足球锦标赛"的主办城市。2007—2011 年是各类选举接踵而

① J. Friedrich, "Polish and German Heritage in Danzig/Gdańsk: 1918, 1945 and 1989", in M. Rampley (ed.), *Heritage, Ideology and Identity in Central and Eastern Europe: Contested Pasts, Contested Presents*, Woodbridge: Boydell, 2012, pp. 115–129.

② M. Mendel, "Tożsamość Zbiorowa jako Lokalność", in M. Mendel and A. Zbierzchowska (ed.), *Tożsamość Gdańszczan: Budowanie na (Nie) Pamięci*, Gdańsk: Wydawnictwo Uniwersytetu Gdańskiego, 2010, pp. 371–395.

③ L. Koczanowicz, *Politics of Time: Dynamics of Identity in Post-communist Poland*, Oxford: Berghahn, 2008, pp. 15–18.

至，包括 2007 年和 2011 年的波兰议会选举，2009 年的欧洲选举，2010 年的波兰总统选举，以及推选纪念 1989 年后发生的特殊事件等。

格但斯克试图通过宣传地方文化提升自身在欧洲城市之中的形象。2008 年，格但斯克市议会提出了该市在 2016 年将成为"欧洲文化之都"候选城市的方案。尽管投标没有成功，但是"欧洲文化之都"的声望给了予了"后工业化时代"的格但斯克通过宣传地方文化来提升自身形象的营销机会。① 遴选程序点燃了关于地方认同性质的讨论，并提请人们注意需要协调新的城市和民族认同与更广泛的"欧洲"表述。更重要的是，因为"文化之都"地位给了欧洲城市一个获得与此称号相伴随的经济利益的机会，在波兰，竞争引发了候选城市之间的激烈竞争，② 尤其是那些市政委员会由公民纲领党控制的城市。属于公民纲领党的格但斯克市长承诺，将格但斯克塑造成一个"欧洲城市"，即作为商业和投资的理想场所。③

有关格但斯克"地方文化遗产"的界定成为充满争议的话题。一方面，格但斯克拥有不同时代的历史遗迹，比如位于城市中心主要街道两旁的荷兰式建筑和砖砌哥特式教堂等，可作为格但斯克人接受欧洲认同的依据。另一方面，纳粹统治在格但斯克留下的历史遗迹，也可表明德国在该地曾拥有至高无上的权位。1945 年，格但斯克历史上的城市中心区在战争中化为瓦砾，其大部分的历史建筑实际上都是在战后重建的。市民会特别强调它们都是"复制品"。在地方话语中，"真实性"常常被用来区分战前的原建筑和后来"复制品"之间的差异。同时，这些历史遗迹也成为当地人识别"本地的"与"非本地的"标识。在他们看来，荷兰式建筑是由说荷兰语或德语的外国人建造的。此外，由于这些建筑现在是游客和外国投资者的天地，大部分

---

① M. Ingram, "Promoting Europe through 'Unity in Diversity': Avignon as European Capital of Culture in 2000", *Journal of the Society for the Anthropology of Europe*, Vol. 10, No. 1, 2010, pp. 14 – 15.

② A. Grzeszak, and M. Janicki, "Wojny Miast", *Polityka*, 29 June – 5 July, 2011, pp. 16 – 18.

③ P. Adamowicz, *Gdańsk jako Wyzwanie*, Gdańsk: Slowo/Obraz Terytoria, 2008.

居民基本承担不起相关消费，并未将其视为地方文化场所。那么，人们很容易感到在当地的话语中，"民族"和"阶级"可被视为"地方文化"的组成部分。因此，尽管地方政府开展的宣传活动，吸引了越来越多的游客前往参观格但斯克的"德国遗迹"，但是对许多当地人来说，这些遗迹可被视为属于波兰的历史，但是很难将其与自己当地的文化遗产联系起来。这样，格但斯克地方政府开始把目光投向了 20 世纪 80 年代后期，去寻找一种被认为可体现"地方文化传统"精髓的"自由文化"。

格但斯克地方政府在实践中试图通过将格但斯克打造为不同文化的交汇地来彰显城市的"自由民主"形象。其依据有二：一是这座城市在 16—17 世纪曾为波兰和普鲁士诸国的"自由城市"，使用多种语言成为其欧洲特征的标志。二是该市曾经是"团结工会"的诞生地，其伦理思想的核心是"自由通过参与培育共同利益得以实现"，所谓"自由"是罗马天主教会历来提倡的个人的自由。① "团结工会运动"是以劳工自治原则为指导的群众性社会运动，具有明确的天主教工人阶级身份，其中坚是罗马天主教和教会的道德权威，在质疑 20 世纪 80 年代"社会主义"政权的合法性方面发挥了重要作用，② 大多数居民比较容易将它与"本地"联系起来。③

总体上说，格但斯克地方政府所构想的"自由"包括为公共利益服务的自由等，而非仅限于追求个人利益。其内涵至少在以下方面突出了波兰的欧洲特征：一是强调波兰在以自由、民主和尊重人权为原则的基础上建立起来的欧盟中所发挥的作用。二是强调尽管由于不幸的历史原因波兰曾与"自由""人权平等"的文化传统相

---

① G. Beyer, *Recovering Solidarity: Lessons from Poland's Unfinished Revolution*, Notre Dame, IN: University of Notre Dame Press, 2010, pp. 14 – 21.

② J. Kubik, *The Power of Symbols Against the Symbols of Power: The Rise of Solidarity and the Fall of State Socialism in Poland*, University Park, PA: Pennsylvania State University Press, 1994, pp. 186 – 190.

③ M. Latoszek, "Dziedzictwo 'Solidarności': Dar dia Tożsamości Gdańszczan", in M. Dymnicka and Z. Opacki (ed.), *Tożsamość Miejsca i Ludzi: Gdańszanie i Ich Miasto w Perspektywie Historyczno-Socjologicznej*, Warsaw: Oficyna Naukowa, 2003, pp. 182 – 192.

分离，但保护个人自由和人权一直是波兰文化的组成部分，波兰传统上属于欧洲。① 显然，这种"自由"构想意在打造这座城市的地方特征，随之包括旅游手册等当地出版的宣传品，纷纷把格但斯克描绘成一个具有欧洲特征的城市，强调它既是不同历史和文化的交汇地，也是"给社会主义欧洲地区带来自由的革命的拼图"②。在争取获得"欧洲文化城市"候选资格的申报材料中，当地政府使用了"自由文化、文化自由"的口号，矗立街道两旁的城市纪念牌，以及地方政府举办的一些地方历史展览会，也会不时提醒到访的游客，格但斯克在1989年"剧变"中扮演了重要角色。实际上，格但斯克同波兰的其他地区一样，有关"社会主义历史"的叙述自1989年以来在其社会生活中便占据了重要地位，相关历史故事的影视作品随之成倍增加，③ 作品通常将矛头直指20世纪70—80年代的中央和地方政权。比如，地方政府负责管理的格但斯克船厂组织"欧洲团结中心"从2000年开始举办名为"通往自由之路"的多媒体系列展览，主要描述"团结工会运动"兴起的社会背景，突出强调"团结工会"和天主教会在1989年"剧变"中所发挥的重要作用，极力将"团结工会"的存在视作"宏大的欧洲叙事"中的地方和民族的象征符号，以期向没有任何第一手记忆的人们，传达今天格但斯克地方政府所认同的"那个时代应主导民族历史、民族身份和爱国主义等主题的观念"④。

---

① 参见 Z. Mach，"Constructing Identities in a Post-communist Society：Ethnic，National，and European"，in D. F. Bryceson，J. Okely and J. Webber（ed.），*Identity and Networks*：*Fashioning Gender and Ethnicity across Cultures*，Oxford：Berghahn，2007。

② 参见 Z. Bauman，*Freedom*，Milton Keynes：Open University Press，1988。

③ Main, I.，"How is Communism Displayed? Exhibitions and Museums of Communism in Poland"，in O. Sarkisova and P. Apor（ed.），*Past for the Eyes*：*East European Representations of Communism in Cinema and Museums after* 1989，Budapest：Central European University Press，2008，pp. 371 – 400.

④ Z. Mach，"Constructing Identities in a Post-communist Society：Ethnic，National，and European"，in D. F. Bryceson，J. Okely and J. Webber（ed.），*Identity and Networks*：*Fashioning Gender and Ethnicity across Cultures*，Oxford：Berghahn，2007，pp. 54 – 72.

三 重塑地方文化和地方认同的影响

格但斯克地方政府重塑地方"自由文化"和地方认同的举措，使得城市景观和有关地方文化、地方认同的阐释正在发生显著的改变。在"复兴衰败城市计划"被提上市政委员会议事日程的同时，出于创新解读 1989 年"剧变"后地方认同的需要，修缮、重建在"社会主义时期"遭到破坏的建筑和街区等历史遗迹便成为政府的当务之急。[①]"复兴城市"所遵循的基本原则是，需要将地方认同定位于面向与现代性密切相关的在欧洲认同。同时，"复兴城市"的工作还包括"重新挖掘"该市的多元文化遗产，比如根据地方利益的现实关切，改写或重新解读"社会主义时期"的地方历史。[②]

打造地方文化的"自由特质"的举措，集中体现在对于格但斯克老旧工业区的改造工作之中，比如对格但斯克造船厂的改造就是一例。如同波兰其他的一些"社会主义样板城市"一样[③]，造船厂之所以被视为"地方文化遗迹"，主要在于它既是"社会主义制度的遗产"，也曾是持不同政见者开展活动的场所。1380 年，条顿骑士在此建立了定居点。18 世纪以前，这里一直是木材仓库的所在地。1844年，普鲁士政府将其改造成造船厂。1967 年，格但斯克造船厂被波兰政府以列宁的名字命名，以期作为"社会主义意识形态的物质象征"，职工居住区和工厂区遂成为彰显"社会主义"意识形态的政治舞台[④]，作为当时东欧最大的造船公司，设计建造造船厂的目的是为

---

① A. C. Diener and J. Hagen, "From Socialist to Post-socialist Cities: Narrating the Nation through Urban Space", *Nationalities Papers*, Vol. 41, No. 4, 2013, pp. 487 – 514.

② K. Verdery, *The Political Lives of Dead Bodies: Reburial and Post-Socialist Change*, New York: Columbia University Press, 1999, pp. 111 – 117.

③ 参见 K. Pozniak, "Generations of Memory in the 'Model Socialist Town' of Nowa Huta, Poland", *Focaal* 56, 2013a。

④ 参见 V. Buchli, *An Archaeology of Socialism*, Oxford: Berg, 1999。

"新的工人阶级打造摇篮"①。但是，造船厂在 20 世纪 80 年代却成为"团结工会运动"的摇篮，厂区随之成为"质疑社会主义国家合法性"的场域。1989 年后，格但斯克造船厂实行了私有化改革。② 1996年，乌克兰投资者收购了破产后的造船厂，其规模随之大幅缩减。

在格但斯克官方和民间的话语中，作为"团结工会运动"兴起摇篮的造船厂，通常被打造为波兰人追求自由的纪念碑，20 世纪 80 年代出现的"劳工运动"则被打造为"为自由而战"的民族传统的组成部分。③ 在"公民纲领党"崛起后，打造造船厂景观的举措似乎成为一种"战斗较量"，反映思想意识冲突的建筑物和室内陈设在厂区内相互对峙。④ 最终，展现地方"自由文化"传统的打造理念，使得打造造船厂景观的举措具有了保存地方重要历史记忆、构建地方认同，以及确认"团结工会"执政地位合法化的效应。"团结工会成立"时主要目标是保护工人的利益。然而在成为政党后改变了目标，在 1989 年选举中取得胜利后，转而反对其本应保护的工人，许多参加 20 世纪 80 年代罢工的造船厂工人成为"团结工会"所推行的经济改革的受害者。⑤ "公民纲领党"领导的格但斯克地方政府所打造的厂区景观，着力展现关于 80 年代造船厂工人罢工的"不同叙述"以表明其地方文化的独特性。然而，其设计的目标的确难以实现。事实上，一些造船厂的历史地标已经被打上难以去除的历史烙印，比如厂区前面的团结广场，倒塌的造船厂纪念碑，"团结工会运动"的领导人莱赫·瓦文萨发表讲话的旧址等，现在均已被视为波兰文化遗产或

---

① E. Jarecki, *Stocznia Gdańska im. Lenina*: *Życie Spoleczno-Polityczne w Latach* 1945 – 1984, Warsaw: Książkai Wiedza, 1985, pp. 24 – 25.

② M. Czepczyński, *Cultural Landscapes of Post-socialist Cities*: *Representation of and Needs*, Aldershot: Ashgate, 2008, p. 77.

③ G. Zubrzycki, *The Crosses of Auschwitz*: *Nationalism and Religion in Post-communist Poland*, Chicago: University of Chicago Press, 2006, p. 181.

④ M. Czepczyński, *Cultural Landscapes of Post-socialist Cities*: *Representation of and Needs*, Aldershot: Ashgate, 2008, p. 109.

⑤ E. Dunn, *Privatizing Poland*: *Baby Foody Big Business, and the Remaking of Labor*, Ithaca: Cornell University Press, 2004, pp. 8 – 18.

欧洲文化遗产。造船厂大门上悬挂的波兰国旗，表明它已经被视为波兰民族、波兰文化繁生发展的象征地。梵蒂冈国旗和已故的波兰教皇约翰·保罗二世的画像，依次突显了波兰民族认同与罗马天主教之间的联系。①

在地方政治话语中，造船厂通常被视作"格但斯克神话"的摇篮，但是厂区景观的打造工作的确存在许多可供地方政府进一步加以考量的空间。比如，在大多数建筑被废弃、拆除后，厂区周边出现了荒芜的场景，造船厂的管理者常常将之描述为"典型的社会主义传统"的体现，意在说明造船厂是具有划时代意义的历史遗产，需要被改造、传承。在格但斯克的执政者看来，造船厂的外部地标已经被象征性地"赋予了特定含义"，所以应该通过对厂区的重新开发，将格但斯克的"自由文化"传统铭刻到打造后的景观之中。2009 年波兰"自由选举" 20 周年；2010 年"团结工会"诞生 30 周年，造船厂成为开展庆祝活动的场所，具有格但斯克特色的地方文化和地方认同从中得以彰显。

如何在格但斯克"自由文化"传统与其"社会主义"过往之间建立一种历史联系，已经成为地方政府在重塑地方文化与地方认同过程中面临的难以回避的挑战。2011 年，从事研究 20 世纪 80 年代晚期"反对派运动"的专门机构"欧洲团结中心"在格但斯克成立。矗立于造船厂附近的机构大楼，时刻提醒人们造船厂是"剧变"后"新波兰"的诞生地，而市议会则必须面对的一个挑战是如何在格但斯克后社会主义"自由文化"与其多元文化的过去之间建立一种历史纽带。为此，地方政府开始组织人力从德意志人占领格但斯克开始重写造船厂的历史，同时，利用欧盟和私人资金把造船厂所在地重新纳入打造城市景观项目，并推动了造船厂新产品开发以求扩大生产规模。

格但斯克重塑地方文化和地方认同的核心，是试图重新打造该地区的公众形象，将城市建设成为"年轻的欧洲城市"，重建工作涉及

---

① J. Kubik, *The Power of Symbols Against the Symbols of Power: The Rise of Solidarity and the Fall of State Socialism in Poland*, University Park, PA: Pennsylvania State University Press, 1994, p. 195.

造船厂的改造，以及在滨海区建造豪华公寓、办公室、旅馆、购物中心和大型超市等，从某种意义上说，意味着城市重建项目的开启。①一方面，重建城市项目需要稀释"德意志历史气息"，比如滨海地区被重新命名为"帝国造船厂"。另一方面，该项目与重新解读波兰国家和格但斯克地方历史也具有密切关系。负责城市重建的公司发行的小册子明确指出，该项目旨在通过建立"团结中心"和保护与"团结工会运动"历史相关的一些地标，纪念发生在20世纪80年代的相关事件，以及波兰从"社会主义计划经济"向"向自由市场经济"过渡的历史进程。尽管市议会和开发商都试图赋予该项目以重塑地方文化的"寓意"，但是重建工作中所展示的"成功故事"，却反复向世人昭示作为"年轻欧洲城市"的格但斯克，其大部分历史均在充当"欧洲"的商业和贸易场所。鉴于德国是波兰的主要经济伙伴，而大多数到格但斯克来的外国游客是德国人，因此城市重建工作考虑普鲁士遗址修复问题也是情理中事。然而，提到普鲁士国家与格但斯克的联系，即意味着造船厂在与纳粹德国建立既有联系之前未能得到比较充分的重视，造船厂的历史需要象征性地与城市多元文化遗产联系起来。需要说明的是，重塑地方文化的举措旨在通过修复、重塑城市的历史遗迹打造城市形象，但是拆除造船厂建筑和随后对该场地进行的再开发工作，以及在该地区社会历史与新建的豪华住宅和购物中心之间建立联系的举措，都会从不同程度上影响到人们对格但斯克在战后至1989年之间过往的认识。

事实上，重塑地方经济和公共形象的相关活动，同样也发生于波兰和东欧其他地区。②总的说来，老旧工业城镇经济大都处于从生产转向消费的过程中，推进以文化遗产为基础的振兴项目，投资于老旧

---

① M. Grabkowska, "Przemiany Krajobrazu Postindustrialnego na Przykładzie Gdańskich Terenów Postoczniowych", in M. Czepczynski (ed.), *Przestrzenie Miast Postsocjalistycznych*: *Studia Spolecznych Przemian Przestrzeni Zurbanizowanej*, Gdańsk: Bogucki Wydawnictwo Naukowe, 2006, pp. 91 – 92.

② K. Pozniak, "Generations of Memory in the 'Model Socialist Town' of Nowa Huta, Poland", *Focaal* 56, 2013a, pp. 58 – 68.

工业区景观的美化，已成为这些城市的共同选项。① 由此，重塑"自由文化"开始取代丢弃废旧工厂和仓库等的举措，并成为创建新的城市形象的工具。② 比如，建造豪华公寓有助于创造城市新形象，消除"社会主义时期物质短缺的痕迹"，为不断壮大的波兰中产阶级提供更多的"选择自由"。③ 格但斯克地方政府重建城市项目所传达的隐含信息是，"20 世纪 80 年代工人罢工的目的是要建立以自由市场为基础的民主社会，重塑地方文化和地方认同既符合波兰在欧盟的利益，也符合政府不干预经济领域运作的自由主义观念"④。

需要注意的是，"传统的发明"观在格但斯克政府确立地方历史与"自由文化"之间的联系的过程中发挥了难以或缺的作用。这种联系在很大程度上是市政府的"发明"，用于推动政府相关政策的落实。但对于那些因自由主义经济体制被终止特许权的人们而言，今天的格但斯克造船厂依然是波兰在自由经济背景下所持政治关切的缩影。⑤ 在纪念波兰实行"民主选举"20 周年的庆祝活动上，造船厂工人对欧盟委员会要求关闭造船厂的做法感到愤怒，他们高举的抗议横幅上用英语写道："来自东方的独裁者没有毁掉我们的船厂，但是现在来自布鲁塞尔的官员却玩起了这个游戏。"同时，一些"团结工会成员"对基于市场和多元主义原则而问世的"自由"概念提出质疑。执政党举起了一个横幅，标题为"自由在这里诞生，我们将在这里捍卫它！"

---

① S. High and D. Lewis, *Corporate Wasteland*：*The Landscape and Memory of Deindustrialization*，Ithaca：Cornell University Press，2007，p. 13.

② S. Milner，"Cultural Identities and the European City"，in M. Demossier（ed.），*The European Puzzle*：*The Political Structuring of Cultural Identities at a Time of Transition*，Oxford：Berghahn，2007，pp. 183 – 206.

③ K. Pozniak，"Reinventing a Model Socialist Steel Town in the Neoliberal Economy：The Case of Nowa Huta，Poland"，*City and Society*，Vol. 25，No. 1，2013b，pp. 113 – 134.

④ G. Beyer，*Recovering Solidarity*：*Lessons from Poland's Unfinished Revolution*，Notre Dame，IN：University of Notre Dame Press，2010，p. 123.

⑤ D. Kalb，"Conversation with a Polish Populist：Tracing Hidden Histories of Globalization，Class，and Dispossession in Post-socialism（and Beyond）"，*American Ethnologist*，Vol. 36，No. 2，2009a，pp. 207 – 223.

需要说明的是，波兰的社会治理政策存在着许多争议。2018 年，"波兰法官协会"呼吁欧盟委员会和欧洲法院立即采取一切可能的措施，保护波兰法官免受政治压制。表示，波兰法官不仅捍卫波兰的法治原则，而且捍卫整个欧洲的法律秩序。事实上，自 2016 年年初以来，欧盟委员会一直坚决反对波兰的几项司法改革。布鲁塞尔指责华沙有计划地削弱司法独立，破坏三权分立。2019 年，波兰司法改革涉嫌背离法治原则，欧盟再拉响警笛。欧盟官员表示，波兰针对政府持批评态度的法官制定的一条制裁法，"不再像其他欧盟成员国以往所了解的那样，矛头只是针对个别案例，而是打击一大片"。2020 年，欧盟委员会副主席尧罗娃对波兰的司法改革感到震惊，宣称："波兰的所谓改革现在已经处于非常危险的时刻，面临着不可逆转的危险。"有将近 4% 的法官受到这项改革措施的影响。可见，波兰重塑地方文化和地方认同的举措的发展态势及走向存在着诸多不确定性。

（执笔人：刘泓）

西班牙加泰罗尼亚分离主义实践

当前，全面贯彻党的民族政策，使各民族更加自觉坚定地在党的领导下共同团结奋斗、共同繁荣发展，不断铸牢中华民族共同体意识，已经成为当务之急。西班牙等当今世界多民族国家建构的实践表明，不断加强防范、反对分离主义势力的力度，对于我们铸牢中华民族共同体意识，维护国家统一，加强民族团结具有重要意义。

位于西班牙东北部的加泰罗尼亚，是其中央政府所辖 17 个自治区之一。加泰罗尼亚民族主义者 [①] 在地方政治舞台上扮演着重要角色，主张加泰罗尼亚应成为一个"独立国家"，宣布其最终目标为加泰罗尼亚脱离西班牙获得"独立"。巴塞罗那作为加泰罗尼亚自治区的官方首府，被视为加泰罗尼亚人的"非官方首都"。同时，作为多民族聚居的国际大都市，该城市的归属问题多有争议，其"国族"身份认同问题也始终处于争论之中。加泰罗尼亚主义者通常致力于实现"市民需以加泰罗尼亚人的方式居住在巴塞罗那"的诉求，强调城市独有的"国族（National）特性"，通过"培养民众训练有素的认知能力"，使得城市标识 [②] 被视为可体现"国族特性"的象征性符号并不断强化其象征意义。[③]

---

① 加泰罗尼亚民族主义者（Catalan nationalist）在加泰罗尼亚语中意为"加泰罗尼亚主义者（Catalanist）"，坚持民族分离主义思想，主张加泰罗尼亚人不断加强团结，争取建立独立的加泰罗尼亚国家。在加泰罗尼亚语中，"加泰罗尼亚主义"和"加泰罗尼亚民族主义"会被交替使用。

② 本文指在城市中能够体现归属、文化、历史等城市特性，以文字、图形、符号等形式构成的视觉图像和听觉信息系统的设置。

③ 参见 Henkel, Heiko, "The Location of Islam: Inhabiting Istanbul in a Muslim Way", *American Ethnologist*, Vol. 34, No. 1, 2007。

2017 年 3 月，加泰罗尼亚主义者制定了实现地区"独立"的路线图。近年来，由加泰罗尼亚主义者所领导的分离主义运动呈现出前所未有的高涨之势。2012 年，在巴塞罗那街头出现的一场 200 万人要求该地区"独立"的示威游行，对加泰罗尼亚独立运动的发展起到了推波助澜的作用。此后，加泰罗尼亚主义者提出的其他政治诉求，大都以加泰罗尼亚首府巴塞罗那为地域依托，该城市遂成为加泰罗尼亚分离主义势力举行示威争取独立的舞台，"巴塞罗那为加泰罗尼亚人专属"也随之成为其发起相关行动的口号。在示威游行中，分离主义者通常会彰显自己对"国族"身份的诉求，展示自己对国籍的选择，即他们是加泰罗尼亚人，而不是西班牙人。

需要说明的是，加泰罗尼亚人并非一致认同"巴塞罗尼亚人专属"的主张。比如，一些巴塞罗尼亚地方官员在 2012—2013 年间，就曾一再质疑加泰罗尼亚分离主义势力所坚持的"国族"认同问题。那么，生活在巴塞罗那的加泰罗尼亚主义者，在不得不面对巴塞罗那作为多元文化汇聚的国际大都市的现实的同时，如何推行其巴塞罗那居民"必须以加泰罗尼亚人的方式居住在巴塞罗那"的主张？他们为将巴塞罗那打造成为"加泰罗尼亚人的城市"采取什么举措？其效果如何，影响是什么？这些问题已引起人们的广泛关注。

本文将通过考察加泰罗尼亚分离主义势力，为构建巴塞罗那市民的加泰罗尼亚"国族"认同而采取的相关举措，分析了加泰罗尼亚民族主义者在打造具有加泰罗尼亚"国族"特性的城市标识的过程中，不断推行并强化"巴塞罗那为加泰罗尼亚人专属"的理念与实践。旨在阐明加泰罗尼亚分离主义势力将某些"城市标识"的视觉、听觉线索彼此联系，并用构建巴塞罗那市民"国族"认同的基本路径。本文讨论的内容主要涉及三种相关城市标识符，即城市建筑、历史故事和涂鸦。① 笔者认为，在城市市民"国族"认同被以城市标识为线索加以建构的背景下，人们对其使用的"国族标识"政治含义的习惯理

---

① 意大利文 Graffita 的音译，乱写之意。发源于 20 世纪 60 年代，通常是指在墙壁上随意涂写的图像或画作。

解，便获得了历史、文化和社会等方面的基本前提。随着"加泰罗尼亚左翼共和党"①成员在建于 19 世纪晚期巴塞罗那"黄金时代"的建筑中，找到令其引以为傲并视作可代表加泰罗尼亚"国族"特色的元素，象征"独立"意义的加泰罗尼亚区旗被竖起，有关加泰罗尼亚、巴塞罗那的历史故事开始在市民中流传，那些自以为处于政治体制边缘的加泰罗尼亚人在城市各处涂鸦，表达其不满西班牙人统治、要求地区"独立"的诉求。在具有加泰罗尼亚"国族"特性的城市标识符不断获得打造的背景下，巴塞罗那市民既有的"国族"认同意识开始受到不同程度的影响，"巴塞罗那为加泰罗尼亚人专属"等相关主张所得到的关注度逐步提升，国籍、居住区域、公民身份识别和城市归属等问题亦随之被联系起来。

一 构建"国族"认同：分离主义实践的出发点

虽然巴塞罗那人口的一半以上为加泰罗尼亚人，但是大部分加泰罗尼亚主义者坚持认为，与"加泰罗尼亚人的心脏地带"农村地区相比，巴塞罗那的"加泰罗尼亚风格"长期处于相对匮乏状态；居住在农村的加泰罗亚人为保持加泰罗尼亚人的语言与习俗更具生命力作出了重要贡献，他们是比巴塞罗那的加泰罗尼亚市民更"纯正"的加泰罗尼亚人。当然，他们内部的相关认识也不尽相同。②部分"左翼"表示，由于巴塞罗那是一个拥有众多移民和"多种文化认同的大城市"，不像加泰罗尼亚的"中心地区"那样更具加泰罗尼亚人特质，要构建加泰罗尼亚人的"国族"认同可谓困难重重，农村地区的相关问题则容易解决。部分"右翼"激进主义者则在一次关于加泰罗尼亚政治问题的讨论中，明确指出"构建加泰罗尼亚国族认同等所需克服

---

① ERC（Catalanist Esquerra Republicana de Catalunya），加泰罗尼亚第二大党，坚持加泰罗尼亚主义，支持加泰罗尼亚独立。

② 参见 Donald McNeill，"Barcelona as Imagined Community：Pasqual Maragalls Spaces of Engagement"，*Transactions of the Institute of British Geographers New Series*，2001。

的困难问题，绝非仅限巴塞罗那一地"①。

加泰罗尼亚主义者所谈及的"农村和城市之间的矛盾"，已引起学者们的关注。② 他们普遍认为，这种矛盾的存在具有特定的原因。事实上，超过 2/3 的巴塞罗那居民将西班牙语而非加泰罗尼亚语作为第一语言，同时，来自西班牙其他地区的"移民"后裔亦占当地人口的很大部分。此外，该城市还有大量的外籍人士和数量惊人的游客。通常来说，巴塞罗那市民面对来访者，并非以加泰罗尼亚人的身份自居。旅游手册、礼品店和旅游餐馆所提供的是，有关西班牙斗牛的纪念品、海滩、桑格利亚汽酒③，以及各式各样的小吃餐盘等信息。这一切实际上从不同程度上"淡化"了"加泰罗尼亚人的风格"，一些无国籍的人士将之视为"无可争议的乐园"。当然，加泰罗尼亚主义者也将之视为举行示威游行的好去处。值得注意的是，虽然巴塞罗那的"加泰罗尼亚人风格"，与加泰罗尼亚东村地区相比相对淡薄，但是却被视作加泰罗尼亚的"大脑、家园、人口重心和政治中枢"④。

众所周知，巴塞罗那市民应持有"加泰罗尼亚人认同"还是"西班牙人认同"的问题，绝非一朝一夕形成的，而是与近代以来加泰罗尼亚人和西班牙人的政治及文化斗争密切相关。同时，当今世界"有争议的地域归属"问题绝非仅仅涉及巴塞罗那一地。比如英国的贝尔法斯特和土耳其的伊斯坦布尔就是实例。尽管以族际冲突著称的贝尔法斯特和伊斯坦布尔，与宜于旅游、安全、繁华的巴塞罗那在经济发达和社会稳定程度等方面存在差异，但是西方学者通常会将三者一并归于有关利用视觉、听觉手段来构建地区认同和"国族"认同的典型案例。令人遗憾的是，"有争议的城市归属问题"在 21 世纪之前基本未得到学术界的重视，学者们大都认为在充满流动性的后现

---

① 使用了 zon a metropolitana 的表达式，是指巴塞罗那及其周围地区。

② 参见 David T. Gies, *A Country in Spain*, The Wilson Quarterly, 1994。

③ 西班牙的一种汽酒。据说，该酒继承了费城葡萄酒的精神，其血颜色象征着西班牙的斗牛和海鲜饭。

④ Susan M. DiGiacomo, "'La Caseta I l'Hortet': Rural Imagery in Catalan Urban Politics", *Anthropological Quarterly*, Vol. 60, No. 4, 1987, pp. 160 - 166.

代社会，围绕构建不同的国族身份认同展开的斗争，不过是偶发的"返祖现象"。① 然而，令许多人始料不及的是，随着全球化时代的到来，部分地区和国家的人们对国族身份认同的关注度不仅未呈现淡漠化走向，反而彰显出逐步凸显的态势。

需要指出的是，本文对建筑等视觉、听觉可识的城市标识的关注，并非否认心理因素在国族身份认同构建中所能发挥的作用。笔者认为，两者在巴塞罗那市民"国族"身份认同构建过程中会相互作用。一方面，多种城市标识能够反映并助力社会现实的存在与打造；另一方面，人们可以利用自己打造的城市物质、精神景观来构建自己的心理地图和身份认同。本文尽管并非意在将北爱尔兰的民族冲突与加泰罗尼亚"独立运动"联系起来，但是从西方学界对北爱尔兰"谋求独立"城镇的壁画、历史传说和旗帜的研究中，我们可以认识到，赋予国族身份认同以特定的意义和标识，可视为现实政治斗争的组成部分。② 当然，巴塞罗那不是贝尔法斯特和伊斯坦布尔，它没有因为族际矛盾而发生武力冲突，也没有任何街区禁止异族居民进入。那些自认为是加泰罗尼亚人的市民与那些自认为是西班牙人的市民之间的相遇，不仅是每天都发生的事，而且被看作是司空见惯的事。

值得注意的是，西方学者在对民族冲突发生率较高地区的研究中提出了几个重要的分析点，我们试图将之用于考察加泰罗尼亚分离主义势力构建巴塞罗那市民"国族"身份认同的现实活动。比如，有学者强调"地域归属对于理解城市居民国族身份认同至关重要"；城市景观被视为族际斗争的媒介，以及国族存亡攸关所在。同时，有关库尔德人的"公民身份空间实践"研究，③ 以及有关伊斯坦布尔的穆斯林活动空间研究④等，对于我们认识加泰罗尼亚主义者在巴塞罗那构

---

① Ralf Brand, "Urban Artifacts and Social Practices in a Contested City", *Journal of Urban Technology*, Vol. 16, No. 2 - 3, 2009, p. 36.

② 参见 William F. Kelleher, *The Troubles in Ballybogoin: Memory and Identity in Northern Ireland*, University of Michigan Press, 2003。

③ Anna Secor, "'There Is an Istanbul That Belongs to Me': Citizenship, Space, and Identity in the City", *Annals of the Association of American Geographers*, Vol. 94, No. 2, 2004, p. 353.

④ Heiko Henkel, "The Location of Islam: Inhabiting Istanbul in a Muslim Way", *American Ethnologist*, Vol. 34, No. 1, 2007, p. 65.

建"国族"身份认同的实践，也具有一定的参考价值。在打造市民"国族"身份认同的路径选择方面，充满文化异质性的巴塞罗那与不断发生族际冲突的贝尔法斯特亦面临一些相似的现实问题。比如，大量游客不断涌入，主体民族在居民中占多数，以及相关城市为地区而非国家首府等。加泰罗尼亚分离主义势力为构建巴塞罗那市民的加泰罗尼亚"国族"身份认同，不得不打造一些能够体现加泰罗尼亚人特质的城市标识，以期寻求通过在其"未来首都"开展的政治活动，来挑战西班牙法律所规定的公民身份，谋求包括"国民"等有关"加泰罗尼亚公民性质的法律身份"。① 多年来，相关举措在加泰罗尼亚分离主义实践活动中贯穿始终。

加泰罗尼亚主义者以加泰罗尼亚"国族"身份，挑战其法定的西班牙国族身份的现实条件是什么？从法律上看，加泰罗尼亚为西班牙国家所属的事实不容置疑；从加泰罗尼亚主义者所持的西班牙护照看，他们无疑是西班牙人而非加泰罗尼亚人。但是，两者之间的法律关系却被现实存在的巴塞罗那应"为加泰罗尼亚人专属"的"视觉或听觉证据"所质疑，相关证据与那些自称被迫承认自己是土耳其公民的库尔德人所提供的依据具有诸多相似之处。②

虽然，巴塞罗那并非一座因自然地理疆界分隔而处分裂状态的城市，但是，市民的"国族"身份认同着实存在差异。作为一种社会分类概念，其"国族"身份认同大约出现于 20 世纪 80 年代，之前在弗朗哥独裁统治期间，语言、文字等可体现加泰罗尼亚文化元素的标识都会受到严厉禁止。学校通常根据语言对学生进行分隔式管理。讲西班牙语的学生如果路遇讲加泰罗尼亚语的学生，很可能会因斥责对方个人卫生不洁等而引发双方的肢体冲突。80 年代以来，随着西班牙社

---

① Anna Secor, "'There Is an Istanbul That Belongs to Me': Citizenship, Space, and Identity in the City", *Annals of the Association of American Geographers*, Vol. 94, No. 2, 2004, p. 352.

② Louis Althusser, "Ideology and Ideological State Apparatuses", In: L. Althusser (ed.), *Lenin and Philosophy and Other Essays* (translated by Ben Brewster), New York: Monthly Review Press, 1971, pp. 85 – 132.

会从"独裁政治"向"民主政治"的逐步过渡，加泰罗尼亚教育体系也开启了从加泰罗尼亚人和西班牙人"群体分隔式教育"向包容性双语教育的转变。其间，尽管一些加泰罗尼亚主义者对本族语言的使用仍然表现出强烈的偏好，但是随着全球化时代的到来，加泰罗尼亚人逐步认识到，"排他性群体"状态已难以维系。巴塞罗那及周边地区人口约占加泰罗尼亚人口的一半，加泰罗尼亚总人口中讲加泰罗尼亚语的人所占比例则比较低。总的说来，人们第一语言的选择通常是基于民族身份而做出的决定，西班牙移民子女讲加泰罗尼亚语的比例，远低于将加泰罗尼亚语作为母语家庭的子女。这种语言认同上的差异，也反映在当地城市居住空间的选择中。加泰罗尼亚一半以上的人口并非加泰罗尼亚人的后裔，讲西班牙语的移民及后裔"大量集中在半熟练和非熟练工人的聚居区与城市周边的贫民区"[1]。不同街区居住的加泰罗尼亚人的比例不尽相同，其使用语言、生活方式等也各具特点。比如，居住在诺巴里斯（Nou Barris）附近的加泰罗尼亚人主要讲西班牙语，居住在格拉西亚大道（Gracia）附近的加泰罗尼亚人的生活方式则更具有"加泰罗尼亚风格"。

加泰罗尼亚分离主义势力在巴塞罗那采取打造城市标识的方式彰显加泰罗尼亚人的"国族"特性，旨在构建加泰罗尼亚"国族"身份认同，以实现加泰罗尼亚人"独立建国"的政治计划。在他们看来，"现实生活中不需要西班牙语"，他们自己"虽然持有西班牙护照，实际却是生活在加泰罗尼亚版图内的加泰罗尼亚公民"。[2]

二 巴塞罗那：所属权存在争议的城市

在巴塞罗那北部格拉西亚和圣安德鲁（Sant Andreu）等老街区的公共广场，可以看到许多通俗易懂的图标、提示牌和让人过目难忘的

---

① Kathryn A. Woolard and Tae-Joong Gahng，"Changing Language Policies and Attitudes in Autonomous Catalonia"，*Language in Society*，Vol. 19，No. 3，1990，p. 314.

② Kathryn A. Woolard and Tae-Joong Gahng，"Changing Language Policies and Attitudes in Autonomous Catalonia"，*Language in Society*，Vol. 19，No. 3，1990，p. 326.

街景。人们从中也可以切实体会到，在巴塞罗那还居住着诸多以"非加泰罗尼亚风格"生活的人们。

在圣安德鲁的许多咖啡馆和公共广场，人们可以看到"左翼共和党"成员、地方政客和普通市民，谈论着政治新闻和加泰罗尼亚文化等话题。步入老城街区的弄堂，会不时看到一些具有加泰罗尼亚民族特性的标识符，比如加泰罗尼亚区旗、老建筑物上的标牌和讲述城市故事的宣传品等。在圣安德鲁的老工业中心，可以体味当地在20世纪初"黄金时代"人们的工作场景，听到当地人讲述的具有500年历史的天主教大教堂的秘密。比如，当地画家利用受命重修在西班牙内战期间被毁的教堂内饰的机会，偷偷地给"受难"场景中的耶稣戴上了巴塞罗那男人的围巾，并躲过了弗朗哥政府主管宗教事务官员的检查。

随处可见的巴塞罗那街道名牌，似乎无时无刻不在讲述着发生在当地的历史故事。当地人会指着大小不一、形状各异、色彩多样的街牌，向游人娓娓讲述它们的"前世今生"：在弗朗哥独裁统治期间，圣安德鲁许多老街道的名字，因被视作与政治无关的词汇，而被"侥幸保留下来"。但是，巴塞罗那有70多个街道的名字，因表达了对加泰罗尼亚历史上出现的民族英雄的敬意，而被强行改换，同时，由于当时加泰罗尼亚语是被法律禁止使用的语言，每一个相关名字随之都被改为西班牙语。现在，巴塞罗那仍在不断恢复被弗朗哥政府废止或改动的街道名称，有些被恢复的标识下，弗朗哥主义者的命名只被涂抹了一半，涂画者意在骄傲地宣布：该名称业已恢复如初。

今天，巴塞罗那的建筑、广场和街道等似乎都在谈论着过去。它们可为人们充当认识和理解加泰罗尼亚政治生活的读物，提醒人们身在何处，以及如何解读当地的地域历史与文化环境。

三　打造城市标识：加泰罗尼亚分离主义的实践路径

有学者认为，文物、建筑和涂鸦等可视为人们某种意识的表达形式，城市景观的打造与相关人群理想的设置密切相关。① 的确，城市不仅是社会形象的表达形式，更是社会文化和愿望的结构再现。从理论上讲，城市虽然可以包容不同族体及多样文化，但是主持和参与城市治理的不同族体，会运用自己的意识形态来打造城市，并标记属于自己的社会空间。象征加泰罗尼亚旗帜上四道条纹的"四根柱子"在巴塞罗那的重建，体现了在加泰罗尼亚主义语境下，对于巴塞罗那"专属权"所作出的重新诠释，以及民族分离主义者组织和参与相关活动的具体实践路径，旨在证明巴塞罗那的过去、现在和将来都为加泰罗尼亚人而非西班牙人所有。

（一）重建"四根柱子"

2011 年，"四根柱子"在位于巴塞罗那市中心的加泰罗尼亚国家艺术博物馆前重新矗立起来。作为"加泰罗尼亚主义"政党创立者它们最初建造于 1919 年，被视为"新黄金时代"加泰罗尼亚精神的象征。其建筑师普伊格·卡达法尔奇（Puig i Cadafalch）为第一个加泰罗尼亚主义政党的创立者，曾在加泰罗尼亚地方政府任职。② 1929 年，西班牙政府以举办国际展览会需清除巴塞罗那公共场所的"加泰罗尼亚主义标志"为由，将这些柱子拆除。同时，展示西班牙风采的玛丽亚·克里斯蒂娜女王大道和"西班牙广场"同期落成。此外，旨在展示西班牙各地不同建筑风格的环球博物馆的名称，也从伊比罗那（Iberona）③ 改称为"西班牙城"，宣示其物主为卡斯蒂利亚—西班牙（Castilian-Spanish）政权而非加泰罗尼亚地方政府。

从 2002 年开始，"左翼共和党"等加泰罗尼亚政党和民间组织发起了重建"四根柱子"的活动，随后获得了短暂执政的联合政府的支

---

① Joseph Rykwert, *Seduction of Place*: *The City in the Twenty-First Century*, New York: Pantheon Books, 2000, p. 4.

② Maiken Umbach, "A Tale of Second Cities: Autonomy, Culture, and the Law in Hamburg and Barcelona in the Late Nineteenth Century", *The American Historical Review*, Vol. 110, No. 3, 2005, p. 673.

③ 西班牙民俗村名，由伊比利亚的首字节与巴塞罗那的尾字节拼成。

持。2011 年，支持加泰罗尼亚独立的自治区主席阿图尔·马斯在分离主义者的呐喊助威声中，为"四根柱子"的重新落成揭幕剪彩。马斯在演讲中向世人展现了加泰罗尼亚人"国族"认同定位，指出"加泰罗尼亚人是一个不断发展的国族（nation），人们对国族情感的表达不需加以任何限制"。

在"左翼共和党"等主张分离的党派看来，"四根柱子"的重建无疑是一场取得胜利的政治斗争。从"西班牙广场"上放眼看去，"四根柱子"所能体现加泰罗尼亚精神可以跃然入目。2012 年以来，因禁止斗牛而停用的老斗牛场，以及与之相邻的商场和电影院，也因为"四根柱子"的重建，重新恢复了曾经为卡斯蒂利亚—西班牙文化元素所替代的加泰罗尼亚文化表征。

（二）传承加泰罗尼亚式建筑风格

与重建"四根柱子"一样，传承加泰罗尼亚式建筑风格也是加泰罗尼亚分离主义势力在巴塞罗那开展的一项重要实践活动。以拥有现代主义风格建筑群著称的巴塞罗那是最具代表性的建筑之一，是"扩展区"规模宏大的多层住宅楼。19 世纪，具有加泰罗尼亚主义倾向的资产阶级精英，在巴塞罗那城市建设中，从经济资助、城市规划规、文化引领等方面都发挥了至关重要的作用。其间，随着国家艺术博物馆和国家大剧院等公共建筑问世，体现加泰罗尼亚主义风格的标识被反复运用其中。[①]

不断打造具有现代主义风格的私人住宅，对于巩固和加强巴塞罗那在加泰罗尼亚地区的政治和文化中心地位，具有重要的推动作用。研究表明，在 19 世纪后期，城市通常被看成是一种"制造公民"的空间，并可借用"行为体"（actant）一词，解释通过物质干预将城市打造成为独立"行为体"的过程。[②] 通过借鉴中世纪加泰罗尼亚地区

[①] Mari Paz Balibrea, "Urbanism, Culture and the Post-Industrial City: Challenging the 'Barcelona Model'", *Journal of Spanish Cultural Studies*, Vol. 2, No. 2, 2001, p. 196.

[②] Maiken Umbach, "A Tale of Second Cities: Autonomy, Culture, and the Law in Hamburg and Barcelona in the Late Nineteenth Century", *The American Historical Review*, Vol. 110, No. 3, 2005, p. 660.

的建设经验，19 世纪的加泰罗尼亚主义精英们试图建立起一套超越阶级或社会等级观念的视觉语义，以增强加泰罗尼亚人的"国族"认同感。他们以中世纪加泰罗尼亚的建筑为依托，重塑起一系列可以体现加泰罗尼亚"国族"特性的政治艺术形式，并使之成为在"强大而流行的认同语义"下，整合不同的利益诉求和"国族"排他性主张的族属象征符号。① 在不断聚合加泰罗尼亚历史与"国族"认同的过程中，加泰罗尼亚主义者试图乘文化复兴运动发展和现代主义文艺思潮扩散的东风，利用建筑等加泰罗尼亚风格的视觉符号，将巴塞罗那打造成加泰罗尼亚人的"国都"。该政治计划实施所依托的城市建筑，遂成为当代加泰罗尼亚分离主义意识形态工具和强有力的加泰罗尼亚"国族"标识。② 至今为止，经过不断打造中的巴塞罗那城市建筑，不仅改变了巴塞罗那的视觉形象，还为引导人们逐步认识或接受加泰罗尼亚"国族"认同营造了时空氛围。

可见，加泰罗尼亚现代主义建筑语义与分离主义政治实践彼此交织的历史由来已久。对加泰罗尼亚主义者来说，巴塞罗那因为已被熨烫出一种视觉烙印，而可以充当为建构加泰罗尼亚"国族"认同和民族国家战斗的竞技场。他们不断鼓励巴塞罗那市民抵制被其视为"强加于身的西班牙公民身份"，努力争取到"加泰罗尼亚公民身份"。1931 年，加泰罗尼亚的第一个自治规约获得批准。③ 在弗朗哥独裁统治时期，加泰罗尼亚主义者曾集体在"独裁者佛朗哥"出席的演唱会上高唱"禁歌"《圣耶拉山》（El cant de la Senyera）表达其"战胜弗朗哥主义，争取独立的决心"，活动的领导者因此被当时的政府判处

---

① Maiken Umbach，"A Tale of Second Cities：Autonomy，Culture，and the Law in Hamburg and Barcelona in the Late Nineteenth Century"，*The American Historical Review*，Vol. 110，No. 3，2005，p. 664.

② Mari Paz Balibrea，"Urbanism，Culture and the Post-Industrial City：Challenging the 'Barcelona Model'"，*Journal of Spanish Cultural Studies*，Vol. 2，No. 2，2001，p. 196.

③ Maiken Umbach，"A Tale of Second Cities：Autonomy，Culture，and the Law in Hamburg and Barcelona in the Late Nineteenth Century"，*The American Historical Review*，Vol. 110，No. 3，2005，p. 687.

七年徒刑。①

　　把巴塞罗那标记为加泰罗尼亚风格建筑及相关遗产的聚集地，打造巴塞罗那的加泰罗尼亚特性，成为加泰罗尼亚分离主义实践的一项重要内容。研究表明，加泰罗尼亚主义者对于巴塞罗那城市建筑的设计和布局给予了精心安排，加泰罗尼亚主义风格不断被加以贯彻。比如，将以"社会和谐"为傲的加泰罗尼亚民风，着意反映在城市建筑设计中。在比较典型的加泰罗尼亚风格公寓区，不同社会阶层的人可以共楼（虽然好位置的房产基本为资本家所有，顶楼住户几乎全是体力劳动者家庭），不同政治取向的人可以同层（"加泰罗尼亚主义者"与无政府主义者、"无国籍者"为邻）。"加泰罗尼亚人崇尚和谐的特质"，于是通过建筑设计所能体现的独特视觉得到彰显。

　　在城市环境的打造方面，加泰罗尼亚主义者可谓"用心良苦"。他们将加泰罗尼亚"国族"的统一性和身份认同的建构，通过城市建筑等多种城市标识作出了以视觉线索为基础的表达，其民族主义意识通过"渗透族体生活的环境空间"得以宣示和彰显。有学者认为，加泰罗尼亚主义者开展的相关实践活动，实际上使得阶级、政见等差异性因素统一到同一"国族"身份认同之下，使"国族"认同这一具有"动员性的词语"成为人们理解世界的出发点，阶级、阶层等分歧随之处于从属地位。② 事实上，加泰罗尼亚主义者所着力打造的现代主义风格建筑，其象征的视觉语义表达的是"加泰罗尼亚人崇尚和谐的特质"，他们以先人在巴塞罗那留下的现代主义风格建筑为依托，试图通过不断发掘加泰罗尼亚人特有的建筑标识，建构起为阶级认同所服从的"国族"认同。

（三）讲述加泰罗尼亚人的巴塞罗那故事

　　长期以来，在分离主义势力一直着力利用巴塞罗那举目可见的加

---

① 资料来源 www.lavanguardia.com/politica/201005 19/53930989938/pujol – rememora – los – fets – del – palau – la – primera – victoria – radi – cal – del – catalanismo – en – 1960. html.

② William F. Kelleher, *The Troubles in Ballybogoin: Memory and Identity in Northern Ireland*, Ann Arbor: University of Michigan Press, 2003, p. 79.

泰罗尼亚现代主义风格建筑，将人们现在的生活与加泰罗尼亚人的
"光荣历史"紧密地联系起来。有学者认为，巴塞罗那的传统风格建
筑"可以像诗歌一样激发起一种提示性的力量"，让那些身处其间的
居民在耳濡目染的日常生活中，"不知不觉地心生一种可以产生共鸣
和反响的认知"。[①]值得注意的是，自19世纪以来，加泰罗尼亚主义
者在巴塞罗那打造的建筑视觉语义所具有的提示功能。实际上，人们
根据相关提示可以不断"阅览属于加泰罗尼亚人自己的画卷"，认知
分离主义者所主张的政治诉求的历史与现实意义。即使巴塞罗那大多
数现代主义建筑现已成为旅游景点、博物馆或时装精品店等，但是那
些被打造后的视觉语义可以不时提示人们，他们能够也应该以加泰罗
尼亚人的方式在加泰罗尼亚人自己的"地盘"生活。[②]

"左翼共和党"在传承加泰罗尼亚历史与文化传统方面作出了诸
多努力。比如，在讲述弗朗哥独裁统治时期巴塞罗那的历史时，他们
会将昔日的聚居区圣安德鲁街区的相关经历描绘成弗朗哥压迫加泰罗
尼亚人的缩影，并将圣安德鲁街区的这段历史和西班牙人统治下加泰
罗尼亚人的悲剧历史交织在一起。

他们通过出版书籍、发放宣传品、制作电视节目等方式，试图利
用黑白照片等让人们认识和理解圣安德鲁街区"加泰罗尼亚人的屈辱
历史"。包括当时时髦的酒吧、支持地区独立的"加泰罗尼亚民间文
化协会"经营的剧院和"圣安德鲁加泰罗尼亚主义者俱乐部"等，
有关照片的讲解词，专门强调了加泰罗尼亚旗帜、加泰罗尼亚主义政
治家和加泰罗尼亚节日的长期存在，高调突出了圣安德鲁街坊之间和
谐关系的存续以及街区整体的加泰罗尼亚风格的沿革。许多照片从不
同角度展示了弗朗哥压迫加泰罗尼亚的实例，包括强行将街道名称从
加泰罗尼亚语改成西班牙语，以及旗帜等加泰罗尼亚人的特有标识被
强令禁用的瞬间场景。照片反复阐释：在西班牙人统治下，加泰罗尼

---

① William F. Kelleher, *The Troubles in Ballybogoin: Memory and Identity in Northern Ireland*, Ann Arbor: University of Michigan Press, 2003, p. 79.

② William F. Kelleher, *The Troubles in Ballybogoin: Memory and Identity in Northern Ireland*, Ann Arbor: University of Michigan Press, 2003, p. 79.

亚人只经历了非常短暂的民主与和平时期，而痛苦的回忆却着实不绝于缕。①

现在，在圣安德鲁中心区保留下来的一处旧式住宅，已被"左翼共和党"成员视为加泰罗尼亚人历经磨难的写照。他们会反复向人们讲述"老房子的故事"：作为"左翼共和党"地方分会的财产，它曾在西班牙内战结束后，被西班牙法西斯政党"长枪党"武装分子没收，当时，"左翼共和党"委员会的领导也遭到追捕并被处决。这种对"不公正历史"的描绘，看似一种关于道德故事的讨论，实为利用"加泰罗尼亚人情结"将圣安德鲁街区、巴塞罗那和加泰罗尼亚主义者的政治诉求紧密地联系起来。② 于是，通过"放大街区历史记忆"用以勾画"西班牙人压迫加泰罗尼亚人"，以及"加泰罗尼亚缺乏自由"等现实问题，遂成为分离主义者建构加泰罗尼亚"国族"认同的重要手段。正如有的学者所言：原本没有标识的景物，"可以通过共有记忆赋予其特有的含义"③。巴塞罗那的加泰罗尼亚主义者，利用从长期以来已经"符号化"的加泰罗尼亚风格建筑中提取的象征性语义，不断地向世人证实巴塞罗那是加泰罗尼亚人的"地盘"。

需要说明的是，加泰罗尼亚主义者的相关实践活动，可以反映出他们对于巴塞罗那建筑外延和内涵所作出的"特色解读"。研究表明，面对一幅"一个士兵推开一扇门"的图画，观众至少有两种认识：一是正在开门的士兵；二是征服。④ 加泰罗尼亚主义者对于巴塞罗那现代主义建筑特征的解读，也存在相似的问题。比如，欧洲传统建筑的基本特征之一，是使用龙形的"滴水嘴兽"雕塑装饰建筑物的墙体，以示神兽"守护门庭""庇护圣灵"或"得到击败恶龙、拯救人类的圣乔治的庇护"。但是，在加泰罗尼亚主义者解读圣安德鲁街区等有

① Michael Eaude, *Catalonia：A Cultural History*, Oxford：Oxford University Press, 2008.

② 参见 Keith H. Basso, *Wisdom Sits in Places：Landscape and Language Among the Western Apache*, Albuquerque：UNM Press, 1996。

③ Ray Cashman, "Visions of Irish Nationalism", *Journal of Folklore Research*, Vol. 45, No. 3, 2008, p. 378.

④ Ray Cashman, "Visions of Irish Nationalism", *Journal of Folklore Research*, Vol. 45, No. 3, 2008, p. 366.

关巴塞罗那人的故事时,"滴水嘴兽"就被赋予了为加泰罗尼亚独立而斗争的寓意,圣乔治被视为加泰罗尼亚人的守护神。

另外,为城市公共设施更名、命名,也成为加泰罗那主义者讲述巴塞罗那故事的组成部分。比如,1992年巴塞罗那奥运会主体育场被重新命名为"路易斯·孔帕尼斯体育场"(Estadi Lluís Companys)就是一例。孔帕尼斯曾任加泰罗尼亚主席和"左翼共和党"领导人,是当时欧洲国家为数有限的通过民主选举当选的政府官员。1940年,在弗朗哥执政期间被囚禁,在遭受了五个星期的折磨之后,被一支弗朗哥主义行刑队射杀。[1] 其受难地与现在以他的名字命名的体育场仅有一箭之隔。

可见,人们从城市公共设施称谓中可以读到的故事,凸显的是加泰罗尼亚人所经历与遭受的屈辱历史及不公正待遇。加泰罗尼亚主义者的相关实践活动,通过将历史人物的个人经历与加泰罗尼亚民族的历史故事刻意勾连,将巴塞罗那的历史与现实利用城市标识符可以产生的视觉、听觉线索使之交织在一起,建构加泰罗尼亚人"国族"认同的诉求随之融入人们的日常生活,"巴塞罗那为加泰罗尼亚人专属"的氛围亦得到进一步的营造。[2]

(四)涂鸦:占领城市标识空间的举措

通过带有政治倾向的街头涂鸦形式,打造公共空间中可以体现加泰罗尼亚人特质的标识,也是加泰罗尼亚分离主义实践活动的一项重要内容。在巴塞罗那的大街上,人们可以看到大量政治涂鸦。它们与飘扬在城市各处的多种旗帜类似,并不一定是合法的、行政机构例行公事类的情绪表达。[3]

政治涂鸦大多含有"激进主义"情绪,比如表达民族分离主义、

---

[1] Michael Eaude, *Catalonia: A Cultural History*, Oxford: Oxford University Press, 2008.

[2] Ray Cashman, "Visions of Irish Nationalism", *Journal of Folklore Research*, Vol. 45, No. 3, 2008, p. 363.

[3] 虽然巴塞罗那的街头艺术也是颇有讽刺意味的,但在此笔者只讨论带有明确政治信息的涂鸦。

无政府主义诉求等。它们大部分出自"左翼共和党"青年派之手，通常被涂画于所有权不明的建筑物上，或者某些诞生"巴塞罗那故事"的街区，比如在街边电源箱上草草写个"秘密口号"等，以此发泄其对于缺乏制度性政治代表的沮丧心情。在过去 10 多年间，尽管巴塞罗那市政府一再明令禁止涂鸦，并宣布此举为蓄意破坏行为，但是格拉西亚等街区的涂鸦仍然屡禁不止、比比皆是。

"左翼共和党"圣安德鲁地方分部前主席卡洛斯（Carles）在讲述参加"加泰罗尼亚主义运动"的经历时，曾谈到了"左翼共和党人"运用涂鸦开展斗争的体会。1993 年，卡洛斯开始了职业生涯。当时，由不同的"地方文化组织"组成的加泰罗尼亚"独立派"正准备发起"独立运动"。① 其中，"加泰罗尼亚民间社会组织"②成员模仿电视等媒体中的一些做法四处涂鸦，他们或竖起彰显加泰罗尼亚人特质的旗帜，或撕毁飘扬在公共场所的西班牙国旗，旨在表达加泰罗尼亚人对现行制度的不满，以及"争取独立的决心"。卡洛斯慨叹："当时我们只在加泰罗尼亚议会有代表，甚至在巴塞罗那市政会议中都没有代表，真想不到有一天我们会执掌政府甚至可能领导这个国家……我们曾设想如何在一个身受压迫的国家中求生，但是'左翼共和党'引导我们将不安和愤怒情绪化作反抗的力量。我们因此开始到不同街区涂鸦，粉刷墙壁……"③

在"加泰罗尼亚主义者"看来，加泰罗尼亚人长期被排斥在西班牙政治圈层之外，他们需要开展政治实践来获得"居住和改造城市空间的权利"④，其"所投身的民族主义实践是防御性的，旨在反对具

---

① Jaime Lluch，"How Nationalism Evolves: Explaining the Establishment of New Varieties of Nationalism within the National Movements of Quebec and Catalonia（1976 – 2005）"，*Nationalities Papers*，Vol. 38，No. 3，2010，p. 352.

② 1981 年成立的加泰罗尼亚主义组织。1993 年被西班牙政府解散。其许多重要成员在加泰罗尼亚民族主义政党中继续担任要职。

③ 根据《卫报》报道，每年花费超过 800 万欧元。资料来源：www. theguardian. com/ world/2010/dec/27/barcelona – shopkeepers – fines – graffiti – decoration。

④ Anna Secor，"'There Is an Istanbul That Belongs to Me': Citizenship, Space, and Identity in the City"，*Annals of the Association of American Geographers*，Vol. 94，No. 2，2004，p. 365.

有威胁性西班牙民族主义对加泰罗尼亚人的欺压","让巴塞罗那重新成为加泰罗尼亚人的城市",① 并以此来标识和重建加泰罗尼亚人的"国族"身份认同。他们经常采取悬挂加泰罗尼亚旗帜、撕毁西班牙国旗或者四处涂鸦等方式,发泄对西班牙人的不满,随之成为分离主义者在街区层面上为加泰罗尼亚人争取权利的重要手段。像国旗等象征西班牙民族主义的视觉提示,遂成为被剔除的对象,取而代之的是着力打造加泰罗尼亚主义的城市标识。

事实上,争夺城市视觉线索的斗争,既是争夺打造城市标识主导权的斗争,也是界定巴塞罗那为加泰罗尼亚人所属还是为西班牙人所属的权力斗争。我们可以设想的是,如果在加利西亚和圣安德鲁街区的中心广场上,涂画出被视为"加泰罗尼亚新艺术建筑瑰宝"的加泰罗尼亚音乐宫的图案,一方面可以向人们表明该街区是加泰罗尼亚人的"家园",将街区原本看似模糊的"所属权"明确定义为归加泰罗尼亚人所有;另一方面可以从一定程度上抑制西班牙人对相关街区的影响,并激发加泰罗尼亚人充当相关街区"主人"的热情与信心。

为实现"巴塞罗那为加泰罗尼亚人专属"而开展的斗争,是一场争夺城市支配权和霸权的战争,加泰罗尼亚主义者和西班牙中央政府都声称对于城市拥有所有权,都以"自然的国家形象"现身,坚信自己是这一"国粹的代言人"或巴塞罗那居民最合法的代表。②

标记巴塞罗那的"国族"历史与文化特色,是一种分类性动作,可体现从属性、支配性和竞争性等特点。加泰罗尼亚主义实践活动,不仅涉及传统民族主义意识形态中的民族国家理念和民族自决的政治目标,而且涉及加泰罗尼亚人对在西班牙统治下的现实政治与经济地位的质疑。通过打造地域和"国族"标识、象征性行为符号和"沉淀性叙事"等,加泰罗尼亚主义者在不断确认加泰罗尼亚人的族体身份认同。事实上,因为挑战了主权国家的法律底线,加泰罗尼亚主义者

---

① Anna Secor, "'There Is an Istanbul That Belongs to Me': Citizenship, Space, and Identity in the City", *Annals of the Association of American Geographers*, Vol. 94, No. 2, 2004, p. 365.

② Michael Billig, *Banal Nationalism*, London: SAGE Publications, 1995, p. 27.

已将自己置于一个充满争议的，甚至举步维艰的境遇。

"巴塞罗那为加泰罗尼亚人专属"的主张既不合法，也不符合现实。长期以来，作为西班牙加泰罗尼亚自治区的首府，巴塞罗那素有"伊比利亚半岛的明珠""地中海曼哈顿"之称，其近代以来的发展史，本身就是一部加泰罗尼亚人、西班牙人等不同民族交融汇聚成西班牙国族的历史。今天，巴塞罗那已经形成了多元文化汇聚、多民族共存的发展格局。虽然大部分居民以西班牙语为母语，但是加泰罗尼亚语、西班牙语两种官方语言并存，英语也广泛使用。同时，19世纪中期至20世纪中期之间修建的现代主义风格建筑、中世纪甚至罗马人统治时期的建筑与当代修建的高楼大厦交相辉映。"全球化与世界级城市研究小组与网络"已将巴塞罗那列为全球城市之一。

结　语

通过探讨分离主义者为建构加泰罗尼亚"国族"认同而采取的相关实践活动，我们可以看到，加泰罗尼亚主义者试图通过视觉、听觉语义的打造，以"巴塞罗那为加泰罗尼亚人专属"为鹜，使得加泰罗尼亚人的"国族"认同与巴塞罗那人的地方或街区认同彼此联系起来。与北爱尔兰天主教徒和伊斯坦布尔的库尔德人等其他为构建族体身份认同，而与主体民族发生冲突的群体有所不同，加泰罗尼亚主义者的愿望，在法律上得到了地方政府的支持，同时，过去和现在的城市建筑物等都有助于将巴塞罗那界定为"加泰罗尼亚人的城市"。在加泰罗尼亚主义者看来，他们的"合法国民身份"是加泰罗尼亚人，坚信自己是加泰罗尼亚而非西班牙"公民"。他们认为，加泰罗尼亚和西班牙是两个截然不同的国家，并希望"加泰罗尼亚公民"身份合法化，而不再充任西班牙版图下的居民。对他们来说，巴塞罗那必须是加泰罗尼亚人的专属地，其现代主义风格建筑和相关历史记忆等，应被视为消除今日城市文化异质性和重现昔日"统一的加泰罗尼亚"的"不争依据"。

研究表明，打造现代主义建筑等可以体现加泰罗尼亚"国族"特色的城市标识，已经被分离主义者视为构建"国族"身份认同的重要手段。① 加泰罗尼亚分离主义实践说明，不断增强"国族"共有文化认同等社会现实氛围的营造，可以影响既有的城市建筑等标识所能体现"国族"特性的强度与维度；同时，既有的城市建筑等标识所能体现"国族"特性的强度与维度，也可推动或阻碍有关增强"国族"共有文化认同等社会现实氛围的营造。加泰罗尼亚分离主义的实践空间和路径，在建构"国族"认同的诉求激励下得以确定，并突破了诸多欧洲民族国家属下民族主义实践必须遵循的法律规定。从某种程度上说，加泰罗尼主义者对巴塞罗那城市标识的打造和解读，旨在证实和再确认巴塞罗那人对该城市的"独占权"和构建加泰罗尼亚"国都"的合理性，而不是一般意义上的对社会现实问题表达的抗议与不满。

"巴塞罗那为加泰罗尼亚人专属"构想的提出，是加泰罗尼亚分离主义者对其法律界定的西班牙人公民身份的挑战，诉求"独占城市权"实是争取加泰罗尼亚"公民身份"的一种表达形式。为将巴塞罗那变成"加泰罗尼亚人的城市"，加泰罗尼亚分离主义者把"他们的城市"用象征"为加泰罗尼亚人所有"的标识加以标记，在塑造城市人文景观的同时，不断占据城市重要的历史和文化空间。包括悬挂旗帜支持独立，讲述本民族深受西班牙人压迫的历史故事或者令本民族感到荣耀的经历，以及通过重建城市历史景观、恢复街道和公共设施历史名称，以及用政治涂鸦来标记"巴塞罗那为加泰罗尼亚人专属"等实践活动，可以从不同角度通过视觉、听觉符号发出的象征性语义，提示巴塞罗那市民："他们是生活在加泰罗尼亚城市的加泰罗尼亚人。"

加泰罗尼亚分离主义者对巴塞罗那城市标识的打造和解读，与其在加泰罗尼亚长期生活的经历密切相关，依托于城市建筑等所传承的加泰罗尼亚人的文化传统。他们在巴塞罗那所开展的分离主义实践，

---

① 参见 Ralf Brand, "Urban Artifacts and Social Practices in a Contested City", *Journal of Urban Technology*, Vol. 16, No. 2 - 3, 2009。

其实质是拒绝现有的官方国民身份，追求的是非法的"国民身份"。他们讲述的关于不同街区或建筑的历史故事，是将巴塞罗那城市标识所体现的"加泰罗尼亚文化"特质具体化和本地化，进而使得对加泰罗尼亚人"独占"巴塞罗那的诉求合法化。尽管当今巴塞罗那已难以轻易"排除他者"划归为加泰罗尼亚人"独占"，但是加泰罗尼亚人历史上独立建国的经历，仍然被分离主义者视为坚持政治理想信念的"确凿依据"。

作为民族主义极端性产物，以及对民族国家的误读和民族自决权的滥用，加泰罗尼亚分离主义实践的非法性和非理性毋庸置疑。当今，国际社会保障少数民族政治权利的方式和程度不尽相同，但是始终坚持保证体现国家内部主权的政法统一和保证体现公民权利平等的基本原则。在各种法律法规的规范下，任何少数民族政治权利诉求，都只能在此原则之下寻找可能实现的空间。西班牙的最高宪法权力机构西班牙宪法法院已明确表态，加泰罗尼亚独立公投没有法律效力。《西班牙宪法》第135条明确规定，一旦自治区有严重违宪行为，中央政府有权终止其自治权，直接接管该地区。从现代国家建设保证公民政治权利平等的本质要求出发，在巴塞罗那业已形成的多民族杂居的现实，决定了生活在巴塞罗那的各民族公民在政府管理中都是权利平等的参与者。

加泰罗尼亚分离主义者以"加泰罗尼亚主义"价值观为引领，长期致力于营造本民族共有的历史与文化记忆，旨在构建挑战西班牙公民身份认同的"加泰罗尼亚国民身份认同"，其分离行径可能给西班牙国家安全与稳定造成的危害，已为世人所共识。其通过打造城市标识，从加泰罗尼亚历史与文化角度来激发人们的"国族"归属意识，确认人们对本"国族"文化的肯定和认可的举措，对于西班牙国族认同建构和西班牙各族人民共同团结进步可能造成的威胁和挑战，需要我们引起警惕并予以反思。

增强国族文化认同是多民族国家各族人民团结之本。在习近平总书记关于加强和改进民族工作的重要思想中，增强文化认同得到了特别强调。维护主权国家的国族团结既需要物质力量，也需要精神力量。自 20 世纪 90 年代以来，文化认同问题已开始受到许多国家的关注。在全球化不断发展的今天，民族分离主义实践可能引发的危害不容忽视。实践证明，多民族国家不断加强各族人民共享的国族文化认同，是实现各族人民团结和睦、共同发展的基本前提，在多民族国家建构中，不断加强防范、反对分离主义的力度刻不容缓、任重而道远。

（执笔人：刘泓）

塞尔维亚的科索沃问题

　　自"一带一路"建设开展以来，我国和沿线众多国家之间的交往不断增加，各国之间相互协作取得了举世瞩目的成效。近年来，我国资本正在大规模涌向一些具有重要战略意义的基础设施项目，这一趋势在巴尔干地区表现得尤为明显。比如，已有近3000人参与到了塞尔维亚的高速公路、铁路和工厂的修建和建设等项目中，让塞尔维亚人民能够享受到更为便利的交通的同时，还帮助塞尔维亚增加了就业机会并改善了生活环境。认识和了解塞尔维亚的民族问题随之成为当务之急。

　　塞尔威亚的科索沃问题由来已久。一个多世纪以来，随着阿尔巴尼亚人和塞尔维亚人两大民族在科索沃地区冲突的持续发展，以及列强势力的不断染指，科索沃地区的矛盾、危机和战争不绝于缕，双方为争夺对科索沃的控制权展开了不懈的斗争。经过多年的民族冲突，近百万阿尔巴尼亚人被迫流离失所。20世纪90年代，科索沃战争的悲剧充斥了新闻版面。2008年2月，科索沃宣布脱离塞尔维亚而"独立建国"。塞尔维亚随即召回所有与科索沃建交国家的大使，并以叛国罪起诉科索沃领导人。当年8月，塞尔维亚要求国际法院对于科索沃独立一事提供咨询意见。塞尔维亚始终坚持其对科索沃拥有主权。由于特殊的地理位置和地缘政治地位，"科索沃独立"的影响已超出了塞尔维亚，甚至巴尔干地区，其背后隐藏着大国博弈。面对科索沃宣布"独立"之举，国际社会态度不一。美国和欧洲几个大国纷纷予以承认，而以俄罗斯为代表的若干国家则表示坚决反对。我国认为科索沃享有高度自治权，是塞尔维亚共和国领土的一部分。科索沃与塞尔维亚之间关系长期以来处于紧张状况。自 2008 年以来，科索沃和塞尔维亚政府之间展开了一些双边对话。2021 年 9 月，欧盟科索沃问题特使莱恰克在社交媒体上发布消息称，科索沃方面与塞尔维亚政府经过紧张谈判已经达成了局势降级并向最终解决问题迈进的协议，塞尔维亚总统武契奇随后也确认了这一消息。10 月，经过多方力量的介入和干预，塞尔维亚表示同意关于科索沃北部紧张局势降级的相关建议，这一举措意味着科索沃和塞尔维亚的紧张关系可能会得到缓解。

一　科索沃的民族关系概况

塞尔维亚语"科索沃"意为"黑鸟之地"。科索沃面积 1 万余平方公里，位于欧洲东南部巴尔干半岛上，南部与马其顿为邻，西北、西南分别毗邻黑山和阿尔巴尼亚，是塞尔维亚西南部的一个自治省。1999 年 6 月科索沃战争结束后，科索沃由联合国托管。由于地理位置和地缘政治都十分重要，科索沃在历史上大多数时间里是列强争夺的"羔羊"，民族矛盾与冲突就是这种争夺的折射。一些西方学者认为，承认"科索沃独立"的举措，将对世界许多地区产生难以预料的影响，所谓"科索沃模式"可能会被世界其他地区的分离主义势力所仿效。

科索沃的首府普里什蒂纳是一座多灾多难的城市，也是科索沃社会发展历史的缩影。历史上，科索沃在巴尔干地区爆发的战争中数次沦陷，先后为奥斯曼帝国、塞尔维亚王国、南斯拉夫统治。第二次世界大战期间作为大阿尔巴尼亚的组成部分而沦陷，意大利占领了该地区，后为塞尔维亚所属。在今天的普里什蒂卡伊仍然可以看到古老的清真寺、曾经风光无限的拜占庭建筑以及南斯拉夫时代的建筑。

科索沃是一个多民族聚居地，总人口为 190 多万。其境内的阿尔巴尼亚族人占总人口的 90% 左右，少数民族主要有塞尔维亚人和黑山人等。多年来，生活的科索沃的阿尔巴尼亚人和塞尔维亚人都将科索沃视为自己的属地。前者将科索沃视为本族繁衍生息的"民族文明摇

篮";后者认定科索沃是自己的"圣地"。目前,科索沃境内约有 12
万名塞尔维亚族居民,其中 4 万人集中在北部,其他 8 万人散居在以
阿尔巴尼亚族为主的其他地区。科索沃被习惯性地分成南北两部分。
南部地区居民大多讲阿尔巴尼亚语,使用欧元,沿袭欧式风格饮食习
惯;北部地区居民主要讲塞尔维亚语,使用货币第纳尔,饮食方面与
塞尔维亚人一样,酷爱烧烤肉类等。公元前 4 世纪至公元 5 世纪,阿
尔巴尼亚人开始在科索沃居住,其祖先是巴尔干半岛上的土著伊利里
亚人。6 世纪末至 7 世纪,塞尔维亚人从中东欧移居到巴尔干与当地
斯拉夫人融合成为南部斯拉夫民族。13 世纪至 15 世纪,塞尔维亚人
建立了自己的王国,曾占据巴尔干半岛大部分版图,其间曾与阿尔巴
尼亚人一同抗击入侵科索沃的奥斯曼军队。18 世纪,科索沃成为阿尔
巴尼亚人占多数的地区。第一次世界大战之后,塞尔维亚人在俄罗斯
人的支持下重新控制了科索沃,并将许多阿尔巴尼亚人驱逐到土耳
其,同时开始将居住在其他地区斯拉夫人迁入科索沃。1943 年,根据
南斯拉夫人民解放反法西斯会议通过的《关于在联邦原则的基础上建
设南斯拉夫的决定》,塞尔维亚人成为主体民族,阿尔巴尼亚人成为
少数民族。① 阿尔巴尼亚人曾发动武装暴动对此表示强烈不满。第二
次世界大战期间,科索沃的阿尔巴尼亚人曾试图在德意志人的支持下
建立"大阿尔巴尼亚国家"。20 世纪 80 年代,科索沃问题开始演变
成科索沃危机,塞尔维亚共和国随即宣布收回宪法曾赋予科索沃的部
分立法、行政和司法权。前南斯拉夫解体后,双方在 90 年代末爆发
了战争,造成 13000 人死亡。1999 年,科索沃与塞尔维亚之间的冲突
更加剧烈,南联盟军警加强了对科索沃解放军的打击,造成重大人员
伤亡。塞尔维亚谴责欧安组织等国际机构偏袒阿尔巴尼亚人分离主义
势力,拒绝采纳其相关协商建议。3 月,北约开始对南联盟发动长达
70 多天的大规模空袭。自塞尔维亚和科索沃发生冲突以来,北约军队
一直部署在科索沃。1999 年战争结束后,塞尔维亚和科索沃之间实际

---

① [美] 特里萨·拉科夫斯卡—哈姆斯通、安德鲁·捷尔吉主编:《东欧共产主义》,
林穗芳译,黑龙江人民出版社 1984 年版,第 236 页。

上已经有了一道分界线，双方之间正常的沟通不断受阻，矛盾冲突长期未能得到有效解决。塞尔维亚政府拒不接受由驻科索沃联合国机构签发的汽车牌照，坚持认为塞尔维亚当局是国家的唯一代表，在普里什蒂纳签发的护照也不会受到塞尔维亚的认可。

科索沃的居民中，约有90%的人口信仰伊斯兰教，近3%的科索沃人是天主教徒。在14世纪科索沃被奥斯曼帝国吞并前，阿尔巴尼亚人大都信仰天主教。奥斯曼帝国征服巴尔干之后，利用税赋作为筹码迫使科索沃的居民改变宗教信仰。阿尔巴尼亚人被迫纷纷改信伊斯兰教，成了穆斯林，而不肯改宗的塞尔维亚人被迫离开科索沃流亡至基督教统治地区，其土地与房屋被分给改信伊斯兰教的阿尔巴尼亚人，科索沃周边的阿尔巴尼亚人也随之被迁入科索沃。虽然，梵蒂冈教廷还没有承认科索沃为主权国家，但是2017年竣工的圣特蕾莎修女大教堂，已被教皇约翰·保罗二世安排为阿尔巴尼亚裔的特蕾莎修女举行"宣福礼"的场所。基督徒和穆斯林都为大教堂捐赠了资金，其中大部分捐款来自旅居美国的阿尔巴尼亚人。

曾有西方学者估测，科索沃"独立"后如能很快地成为欧盟一员并且保持内部环境的稳定性，应有比较乐观的发展前景。① 但是，科索沃宣布"独立"并未迎来分离主义势力所宣称的"地区和平与繁荣"，一直处于经济萧条和民众生活水平低下的状态。科索沃的GNP要高于GDP，科索沃2011年的GDP总量为64.52亿美元，人均3534美元。现在，科索沃有近50%的人在海外务工，百姓的主要经济来源是依靠他们在海外工作的亲友支持。有人认为：要是没有这些外部资金流入，科索沃的经济很可能会崩盘。2015年，科索沃中央银行收到海外科索沃人汇款金额达到了7.52亿欧元。2018年，科索沃的失业率超过50%，15—64岁劳动力的劳动参与率不足40%。科索沃政府的开支需依靠欧盟等外部力量资助，比如欧盟在2013年曾援助科索沃7000多万美元。

---

① 参见 Dirk Eckert, "Could an Independent Kosovo Sustain Itself Economically?", http://www.dw-world.de/dw。

二 科索沃问题的发展态势

民族之间的互动关系塑造着族际关系的结构和民族利益。地区共同利益是各民族利益的叠合，是其对族际环境和族际问题享有相近观点的产物。共同利益包括各族在政治安全、经济利益、意识形态和宗教文化等方面的利益。共同观念是产生共同利益的基础，共同的敌人可以让民族走向联盟或联合，共同的威胁可以让不同的民族加强合作。民族利益的地区建构作用因此得以形成。

自科索沃宣布从塞尔维亚分离"独立建国"之后，双方长期保持互视为敌状态。塞尔维亚一直拒绝承认科索沃独立，并宣称科索沃是塞尔维亚族的"摇篮"。2013年9月，根据与科索沃政府达成的协议，塞尔维亚政府解散了北米特罗维察等塞尔维亚人少数民族议会。科索沃政府签署了一项法律，对科索沃境内塞尔维亚人过去对科索沃执法当局的抵抗行为给予大赦。科索沃政府非常重视塞尔维亚的阿尔巴尼亚人权利。塞尔维亚的阿尔巴尼亚少数民族根据塞尔维亚人在科索沃的权利，表示应给予阿尔巴尼亚人更多的权利。2013年，科索沃反对派领导人沙·穆斯塔法曾指出："一旦执行协议的计划完成，科索沃和塞尔维亚必须就阿尔巴尼亚人的权利问题展开讨论。住在普雷舍沃和塞尔维亚国内的阿尔巴尼亚人获得加入科索沃的权利。"2020年9月，塞尔维亚总统武契奇与科索沃总理霍蒂在美国主持下，签署了一项"经济正常化协议"。双方保证实现双边经济正常化。这一协议是否能为全面解决巴尔干半岛最棘手的领土争执铺路，仍然取决于双方随后在欧盟举行的政治谈判的成功与否。自阿尔巴尼亚人领导的政府将警察部队被派遣到塞尔维亚人居住区以来，塞尔维亚与科索沃之间的紧张关系进一步加剧。塞尔维亚人明确拒绝科索沃政府的权威。2021年9月，塞尔维亚指责科索沃派遣特警部队"到边境进行挑衅"，塞尔维亚军队随之处于高度戒备状态。事实上，虽然科索沃已在2008年向全世界宣布"独立"，但是在塞尔维亚的宪法框架下始终拒绝承认科索沃的"独立行为"，并对科索沃所实行的改革或外交调整等多有干涉。

学界对民族主义的界定至今没有达成共识。人们一般认为，因相关地区历史、文化、宗教等方面的差异，民族主义的表现形式和特征不尽相同。长期以来，阿尔巴尼亚民族主义和塞尔维亚民族主义既与历史传统和领土、语言、宗教纠纷等密切相关，也深受外部势力的渗透。从理念上讲，尽快恢复社会稳定与经济繁荣，应是科索沃地区利益的重中之重。具体说来，科索沃政府应尽快建立接受援助的机制，形成健全的货币流通体系和稳固而具透明的财政制度，以便使科索沃出现可持续性发展的经济前景，有效地运用各国的援助资金和物资。同时，应优先考虑提高政府的行政能力，促进教育、卫生保健事业和基础设施建设，恢复经济秩序及加大地区开发等方面的投入。然而，民族主义的表现形式和本质内容对地区利益的内涵具有相当的限制作用。在当今的科索沃社会，理念上的地区利益的内涵与现实社会中各民族对国家利益的认知存有差距。阿尔巴尼亚民族主义特有的表现形式，界定了不同民族主义在国家重建中的具体目标指向，以及多民族地区内部的不同民族集团的利益疆界。包括政治安全、经济福利、意识形态、宗教文化等各民族利益迭合的地区利益，对科索沃地区各民族而言还是模糊的、不确定的，可谓一种尚未被全体人民所认同的思想理念。各民族对本族体的忠诚往往会超越对科索沃的忠诚，他们将对本族利益的获得与保护放在首位，而将反映各民族的共同利益的科索沃利益束之高阁。

民族利益是一个难以给出明确界定的内容丰富的概念，其构成要素不具有可操作性。就其界定和实施途径而言，在理论和实践上都存在许多值得探讨的东西。大体说来，其内涵所含指的内容涉及国家存亡。科索沃阿尔巴尼亚民族主义强调科索沃地区的人口大族阿尔巴尼亚人的政治、经济、社会和文化利益。比如本族成员在法律方面的平等、共同的公民文化与意识形态等，较少考虑其他少数民族的利益。主要体现为在地方权力和资源的分配中，通常以忽视或无视塞尔维亚等少数民族的利益诉求为代价。他们虽然宣布"独立"，力图控制科索沃的统治权，但没有任何迹象反映出他们能够制定和实施一套可以使各族人民安康幸福的政策和措施。按照设想，宣布"独立"后的科索沃应该按照民主价值而非种族来建立军队。但是，其筹备成立科索沃"独立"后军队的一所军校，学生中并没有塞尔维亚人。24 岁的军校生卡德里·波利沙说："我们的军队不存在歧视。"这群军校生的指导员贝拉特·沙拉上尉也解释说："我们试图招募塞尔维亚人，我们去高中与他们谈话，但是没有塞尔维亚人人感兴趣。"最后一轮谈判破裂后，数以万计生活在科索沃的塞尔维亚人因害怕可能发生的动荡和种族清洗，纷纷准备逃离科索沃。距科索沃首府普里什蒂纳以北 10 多公里的巴宾莫斯特村生活着 200 多户塞尔维亚人和 50 户阿尔巴尼亚人。塞尔维亚族女学生玛丽亚·尼科利奇告诉《每日电讯社》记者："我担心会出现暴力事件。因为过去的战争，阿尔巴尼亚人恨塞尔维亚人。如果（科索沃）宣布独立，我将看不到未来，找不到工作，没有自由。尼科利奇说，塞尔维亚人担心他们会丧失一切。""谁会买我们的房子？卖都卖不出去。阿尔巴尼亚人知道，他们早晚会得到。"驻守在科索沃北部的北约部队副司令尼尔斯·托埃明上校认为，科索沃宣布"独立"将导致科索沃塞尔维亚人大批逃离。米特罗维察镇位于科索沃塞尔维亚人聚居地区，塞尔维亚族大学生塔尼娅说，她的朋友们都已经打好行囊，随身带好护照，随时准备逃离。

民族权利主义在科索沃地区长期衍生发展，主要依据是血缘和语言，目标是寻求本民族地方独立，如在阿尔巴尼亚人中存在的分离主义实践。[1] 许多周边国家与科索沃在经济发展水平上的明显差异，对阿尔巴尼亚人产生了强烈的诱惑，进一步引发了他们对现实处境的不满，接受境外"友人"的"援助"，并与之结成"同盟"便成为自然而然的事。地区利益成为民族主义存在和发展的衡量器、民族对外决策行为的源动力，以及构成族际关系的内在动因。地区获取合法性的基础是，它作为政治经济组织存在的实质体现为，服务于地区中的每个人，为其提供不可划分的、普遍的利益。换言之，地区应该体现民

---

① 参见 John Bolton，Lawrence Eagleburger and Peter Rodman，"Warning Light on Kosovo"，*The Washington Times*，January 31，2008。

族意志，促进民族利益。在民族与地区的相互建构中，地区获得了统治人民的合法性，民族集团获得了可以代表他们利益的归宿。

长期以来，阿尔巴尼亚民族主义与国家利益始终没有摆脱对抗状态。随着阿尔巴尼亚大民族主义的盛行，民族权利主义理念和实践得以不断发展，并形成一定规模。一些阿尔巴尼亚族激进分子开始认为，只有主权才能使其免受塞尔维亚族的压迫并张扬其民族文化，主张通过建立本民族控制的政府来寻求能够充分体现自身价值和利益的最理想的管理形式。其民族主义因此为地区利益的实现设置了重重障碍。在阿尔巴尼亚民族主义框架下，阿尔巴尼亚人实际并未成为地区政治、经济生活的组成部分。他们可以为本民族利益流血牺牲，但难以将地区视为本族和个人的意志及命运的精神体现。维系塞尔维亚各族集团成员个人与地区间心理纽带的羸弱，致使地区失去了稳定的结构和力量基础，民族主义因而未能为地区取得合法性提供有效力量。塞尔维亚的存在和发展要求个人对地区的忠诚，这既是地区政权获得合法性的基础，也是地区力量和效率的体现。地区的凝聚力和人民的忠诚，取决于地区保证个人利益的能力。事实上，阿尔巴尼亚民族主义未能为地区取得合法性的有效力量。在阿尔巴尼亚民族主义框架下，人民对地区的忠诚严重缺失。他们大多认为，地区是抽象的、遥远的，而家族和民族才是具体的和最值得效忠的。2019年5月，塞尔维亚总统武契奇在国会的演说："我不会选择持续说谎和欺骗民众，我正式告诉各位，除了在少部分医院和学校之内外，在科索沃境内早就没有属于塞尔维亚的权威。"

三 科索沃问题发展的基本走向

科索沃独特的地理位置使其具有重要的战略地位，各国都希望在这里扩大自己的影响。比如有学者认为，俄罗斯军队在2008年8月对格鲁吉亚动武，实际上是为了争夺对科索沃问题的控制权。[①] 然而，

---

① Ruth Wedgwood, "The Kosovo Card", *The New Republic*, August 20, 2008.

因民族利益与地区建构的种种悖逆所引发的分离国家主权活动，国家稳定结构和力量基础以及人们对地区忠诚的缺失，政府保证人民个人利益的有限性等问题，又为几大派系染指科索沃问题提供了契机。在处理科索沃独立问题过程中，塞尔维亚政府和人民应始终掌握主导权，而其他各方应充分尊重其主权、独立和领土完整。但几大派系为实现自己的政治、经济利益，不断插手科索沃问题，实际上已使科索沃再度沦为大国争夺的战场。

在科索沃宣布"独立"多年后，民族冲突并未结束，引发了国际社会的诸多关注。比如，位于荷兰海牙的科索沃特别法庭曾指控包科索沃领导人塔奇等在20世纪90年代末期的科索沃战争期间犯下了战争罪和危害人类罪。欧盟官员认为，这一指控引发了民众的关切，甚至对特别法庭的合法性产生质疑，科索沃特别法庭和特别检察官办公室是科索沃司法系统的组成部分，其任务授权对科索沃实现法治至关重要，并应得到科索沃政治领导人的支持，纠正针对该法庭的错误言论。虽然近10年来，科索沃和塞尔维亚的谈判都是由欧洲联盟主导，但美国希望透过派出特使格瑞尼尔，在双方的和谈中扮演某种角色。欧盟致力斡旋双方签订协议的举措虽然多次受到质疑，但是确实安排了双方会面。2020年3月，美国居中斡旋，希望促成"宿敌"和谈取得突破性进展。有人认为这个安排不过是想展现美国外交实力而已。

科索沃宣布"独立"牵动了多方的政治神经和现实利益。除与塞尔维亚和科索沃阿尔巴尼亚人直接关联外，科索沃问题也引起了美国、俄罗斯和欧盟的高度关注。美国和多数欧盟国家支持科索沃在国际社会监督下实现独立，并表示只有科索沃独立才能保证巴尔干地区的稳定。出于地缘政治利益的考虑，俄罗斯反对科索沃单方面宣布独立。科索沃这块一万余平方公里的弹丸之地缘何引起大国的关注？从地理位置看，科索沃所在的西巴尔干的战略地位极其重要，历来是大国角逐的重要地区，例如，俄罗斯反对科索沃独立就有对未来新的能源渠道的考虑。从历史的角度看，科索沃所在的整个巴尔干地区是名副其实的"火药桶"，即使冷战结束后，强国在该地区争夺势力范围的斗争始终没有停止，例如，美国迫切希望在该地区进行民主改造计划的实验。从现实形势看，科索沃的民族宗教问题错综复杂，例如，南斯拉夫地区分裂的"后遗症"依然存在，刺激巴尔干地区的许多民族重新需要树立民族认同感。基于上述考虑，有人评价说，科索沃是反映当前世界政治"地图"深刻改变的一张晴雨表。有西方学者认为，从地区长远利益来说，"科索沃独立"胜过作为"定时炸弹"留在塞尔维亚内部。① 新冠肺炎疫情暴发后，霍蒂总理政府取消了对来自塞尔维亚和波黑的商品的互惠措施，进一步凸显了重启普里什蒂纳与贝尔格莱德之间对话的迫切需要。在欧盟的主持下，塞尔维亚与科索沃在布鲁塞尔重启会谈。美国政府也发起了改善普里什蒂纳—贝尔格莱德关系的新举措。2020 年 9 月，科索沃和塞尔维亚签署了经济和其他领域关系正常化的协议。10 月，联合国秘书长科索沃事务特别代表在安理会有关该国局势的通报会上表示，科索沃面临着包括新冠肺炎大流行在内的多重挑战，应团结一致启动对话，实现政治声音和愿景的统一，并防止两极分化。塔宁表示，科索沃面临着公共卫生基础设施不足和难以应对新冠大流行的挑战。新冠危机带来的社会经济后果非常严重，不仅是可计算的宏观经济，科索沃正式和非正式经济部门也都经历了严重的冲击，年轻人及其教育尤其受到影响。

处理科索沃独立问题一项长期的综合工程，不可能一蹴而就，需要国际社会作出长期的努力，需要联合国继续发挥积极的协调作用。国际社会对科索沃能否给予有力而持久的支持，直接关系到科索沃民族和解、社会稳定和经济发展的真正实现。比如，从原则上讲，欧洲电力系统管理组织没有规定地区之间有义务长久性地彼此输电、解决电力短缺问题。科索沃和塞尔维亚电力系统不愿相互联络，电力供应不足时，双方均不肯作出让步，欧洲电网传输协会不得不作出紧急呼吁调动资源解决技术难题，同时寻找政治解决途径。总的说来，欧盟虽然致力于塞尔维亚和科索沃之间实现关系正常化，但收效甚微。联合国依据安理会第1244 决议案，科索沃在联合国托管下实行"高度自治"，在科索沃派有

① 参见 Charles A. Kupchan，"Serbia's Final Frontier?" http：//www. foreignaffairs. org/。

代表团（UNMIK）观察情势，北约组织驻军协助当地维持和平稳定，欧盟也协助科索沃开展社会治理。① 除国际组织之外，美国及欧洲主要国家对于科索沃也具有较大影响。科索沃自宣布"独立"以来，外交政策主要为致力争取各国外交承认、维持与塞尔维亚对话以利推动关系正常化，以及加入联合国等国际组织。2016 年 9 月，欧盟搁置了原定开放科索沃国民免签进入申根地区的提议。

科索沃宣布"独立"后面临的经济问题一直未能得到有效解决，科索沃境内的大部分用电是靠塞尔维亚输送，塞尔维亚不时会拉断通往科索沃的电网，科索沃未来难以排除陷入黑暗。另外，如果塞尔维亚对科索沃实施封锁，科索沃也会在短时间内遇到粮食困难。因西方社会可从不同层面给予支援，科索沃百姓生活遇到的困难可能只是短时的。对于科索沃最重要的是缺乏管理人才，尤其是国家体制、司法方面的人才以及技术人才，但这不是马上就能得到解决的。

当民族主义成为分离国家主权的重要理念时，各种力量的持续对抗便顺理成章地获得了存在的前提。科索沃各方力量常常能便捷地接受边界外"朋友"的帮助，从中获得继续对抗的力量。为解决科索沃问题，众多参与者纷至沓来。当事双方塞尔维亚人和阿尔巴尼亚人难以决定自己的命运，决定权基本为欧、美、俄等列强掌控。迄今为止，科索沃政府面临的一个主要问题是，1999 年战争期间的所有户口登记资料都被塞尔维亚当局发送到贝尔格莱德。而科索沃当局需要这些文件来判断相关人员申请科索沃"国籍"的资格，并用于双方交换文件，办理结婚、离婚和财产纠纷等问题，但是贝尔格莱德政府拒绝提供给科索沃当局相关文件的原件，欧盟等国际组织为此多次组织双方协商。部分美国官员认为，在塞尔维亚统治、联合国继续托管和"独立"三个方案中，选择"科索沃独立"，可促使科索沃问题得到解决，并促进巴尔干和欧洲社会的稳定。② 2018 年 10 月，塞尔维亚

---

① 参见 Stevan Lilic（et al.）, "Kosovo：Decentralization", *Forum for Ethnic Relations* (*FER*) *Lawyers Committee for Human Rights*, Belgrade, 2003。

② 参见 Frank Wiesner, "Kosovo Independence to Bring Clarity to Region", http：//www. freerepublic. com。

开始举行大规模军演，以对日渐紧张的科索沃局势保持施压。塞尔维亚总统亚历山大·武契奇出席了在塞尔维亚各地举行的军事演习，表示会使用其最新的武器装备增强其"进攻"力量，包括直升机、坦克和无人机。宣称，"除了罗马尼亚，这个地区可能没有一个国家能和我们相抗衡"。同年12月，科索沃由"国会"紧急批准法案，将原有的安全部队升级为正式"国家军队"。此举撼动了欧盟、美国、俄罗斯、北约和塞尔维亚，各大强权台面上的对抗随之出现，本属于塞尔维亚国家享有的权利近乎演变为国际争议。那些要对科索沃实施人道主义援助的国家，从维护自身国家利益出发，对其所要提供的具体援助难以不持谨慎态度，不大可能在目前其前景未定的情况下采取实质性的援助措施。而国际社会如不能尽快提供切实有效的帮助，科索沃前景将面临严峻的考验。

四　科索沃问题的症结

地区化的形成过程也是民族利益的重新界定过程，这是地区对民族的反作用的表现。地区建构既然是民族利益的体现，地区主义则理应成为民族决策的重要环节。民族利益的形式和内涵就超越了民族的居住地范围，并纳入了"跨族"因素。族内政治与族际政治的互动关系由此愈发密切。仅仅关注本族利益并不能真正促进民族利益，也不符合地区发展的必然要求。于是，地区问题、地区利益就演变为民族决策制定过程中的重要构成要素。① 在地区化、全球化语境下，地区主义或地方主义逐渐成为世界潮流，民族越来越重视通过"地区"来促进民族利益，地区间的竞争态势也逐渐发展成为族际竞争之外的重要形式。地区建构进程往往伴随着民族权利观念的变化及其重新界定。在当今族际关系视域下，民族利益的地区建构作用体现在诸多方面。一是地区团结合作的地域性。在地理相近的诸民族中，族际间的

---

① 参见 Özden Melis, Uluğ, Mete Sefa Uysal, *Cultural Diversity & Ethnic Minority Psychology*（IF 3.229）, Pub Date：2021 - 07 - 01, DOI：10.1037/cdp0000388。

观念具有更大的相似性，这一规律在传统传播方式的时代至关重要，同一地区的不同民族具有相似的传统文化，这是共有知识产生的主要条件与实现共同利益的基础。地域性因此成为地区团结合作的首要特征。二是任何民族都是地区体系中的一员，若要实现民族利益就必须融入投身于地区团结合作的进程。三是共有观念使民族之间能够产生相互信任，即使它们之间存在冲突性利益，也会选择以平等合作的方式解决问题和冲突，共同的安全政策和经济政策就有出现的可能。

科索沃地区民族主义的不同表现形式和本质内容，界定了不同的具体目标指向，同时，地区利益的模糊也为民族分离主义运动提供了损害地区利益的理由，从而使民族主义与地区利益之间的关系呈现对抗状态。总的说来，科索沃问题的症结主要包含如下方面内容：一是维系各民族经济联系的纽带比较脆弱。地区的团结合作产生于大量的区内根源，比如在地区拥有的疆域内现代化大生产及统一市场的存在。而这一切对科索沃而言至今还只是"乌托邦"。旷日持久的内战如无人理睬的血腥厮杀，使原本贫穷落后的地区举步维艰。在科索沃战争中，大部分基础设施遭到破坏，只有农业有望收获。科索沃是南斯拉夫最贫穷的省之一，也是欧洲最穷的地区之一。据美国《时代》周刊报道，科索沃战争造成 5000 名南军警丧生，1500 名平民被炸死，数以万计的军人和平民受伤致残。这一数字是北约轰炸前阿尔巴尼亚人和塞尔维亚人相互冲突造成死亡人数的 3 倍多。据联合国难民署的报告，战后有 24 万塞尔维亚人和其他非阿尔巴尼亚族难民逃离科索沃。二是建构地区认同的政治基础薄弱。长期以来，在与"盟友"的关系不断加强的同时，阿尔巴尼亚族人与塞尔维亚的关系正在逐步疏远。当科索沃总理塔奇宣布科索沃从塞尔维亚"独立"时，欢呼的阿尔巴尼亚人手中挥动的是美国的星条旗。各族实力的有限以及对其共同利益的淡漠，民众反政府情绪的高涨及其对能够代表其利益政党的渴望，为各类政党和政治家登台亮相提供了契机。这就使得其举措难以不违背地区利益和各族人民的共同利益、不带有极端主义的倾向。有人甚至指出，科索沃各党领导人"不断膨胀的私欲是其战火长燃的唯一驱动力"。任何"民族党"的"民族"涵盖面部是有限的，它无法吸纳本民族的全部成员，无法阻止其他"民族党"的形成，更无法改变与其生俱来的"少数人"的身份和地位，地区利益从而受到巨大危害。三是各民族离心离德的历史文化陋习长期传承。或许屡受侵略的经历塑造了阿尔巴尼亚人好战的性格，在相对封闭的地域内形成的种族、部族和家族是科索沃社会最基本的结构和联系网络。四是"大民族"的缺失。多民族国家的建构过程是一个不断增进权力共管、国家统一、文化同质的过程，其他社会、政治力量的意向难免与之相悖。非主体民族集团与主体民族集团必须寻找到诸民族利益的结合点并以之为行为准绳，以对地区和国家的忠诚代替对民族的忠诚，是多民族国家生存的基本条件。塞尔维亚各民族中一直没有出现一个可以将各民族统一起来的"大民族"①。塞尔维亚人不是这样的民族。第一，其经济发展状况尚不足以决定其在多民族国家中的"大族"地位。塞尔维亚国内的纷争与动荡是其经济能力欠缺的突出表现。自独立以来，塞尔维亚经济始终没有走出低谷。塞尔维亚族人内部不同利益集团间的矛盾冲突，使得其自身的凝聚力和整体实力被不断削弱。第二，塞尔维亚人文化上并没有得到国内其他民族的充分认同。如阿尔巴尼亚人依然热衷延习原有的生活方式。第三，从民族意识上看，各利益集团之间矛盾重重。塞尔维亚从未承认科索沃独立，并警告称会采取一定的手段来"保护"居住在科索沃的塞尔维亚少数族裔。科索沃在自行宣布"独立"10年后，当地立法机构通过了三项立法草案，旨在把轻型武装的"科索沃安全部队"升级改造为正规军，在避免修改"宪法"的同时为组建常备武装部队铺路。塞尔维亚对此强烈抗议，国防部部长武林宣称：科索沃组建军队是"对和平的威胁"，"威胁塞尔维亚和塞族人"。2018年9月，一支科索沃"内务部"RO-SU特种部队占领了位于科索沃北部原本由塞尔维亚控制的加齐沃达水电站蓄水湖的通道。塞尔维亚总统府随即宣布，全国武装力量已进入最高战备状态，将战备命令交给该国军队总参谋长。从整体上讲，

---

① 参见《恩格斯致卡尔·考茨基（1882年2月7日）》，《马克思恩格斯全集》第35卷，人民出版社1971年版，第260页。

塞尔维亚各族对自身的存在、地位、利益、价值和文化传统的自觉，尚未达成共识。

实现从民族认同到地区认同的转变，是塞尔维亚捍卫国家统一的基本前提，是塞尔维亚作为主权国家的基本属性和谋求生存发展的必然要求。从科索沃民族构成和民族主义的表现形式看，在科索沃作为主权国家的一部分的发展进程中，地区认同赖以生存的基础始终是脆弱的、不完整的。换言之，主权国家的属性和功能因为民族认同的脆弱和不完整而难以得到体现与释放，是科索沃长期动荡的关键所在。同时，实现疆域内各民族认同向地区认同、国家认同的转变，是塞尔维亚作为多民族国家谋求生存和发展的客观选择。多民族国家的建立过程是一个不断增进权力共管、国家统一、文化同质的过程，其他社会、政治力量的意向难免与之相悖。实现民族认同向地区认同的转变意味着，各民族必须寻找到诸民族利益的结合点并以之为行为准绳，以对国家的忠诚代替对民族的忠诚。

从理论上讲，民族是一种"对他而自觉为我"的社会分群形式，也是一种"想象的政治共同体"，并且是被想象成范围有限的共同体。实现从民族认同向地区认同、国家认同的转变是理性化活动。在这一过程中，"通过给予人民一套符号，使狭小和局部的认同，归属于一个更大的认同，以允许统治者获得合法性……有效地管理整个国家"[1]。而地位与文化是这种集体认同构建的基本因素。塞尔维亚各族人民而言，可通过以下途径来实践上述原则：一是改善不同群体、不同阶级、不同阶层之间的不平等地位，以及不公平和不合理的社会现象。包括通过营造适应现代化的政治、经济和文化氛围；提高社会"弱势群体"和"边缘人群"的收入；实行法律面前人人平等；尊重和承认少数民族使用本族语言的权利和合法性等措施，使其客观认识和解决自身发展的困难，正确对待现存的国际政治经济秩序，等等。[2]

① Ernst B. Hass, *Nationalism, Liberalism and Progress* (Vol.1): *The Rise and Decline of Nationalism*, Cornell University Press, 1997, p.30.

② 参见 Nils Karl Reimer, Shanmukh Vasant Kamble, Katharina Schmid, Miles Hewstone, *Group Processes & Intergroup Relations* (IF 3.129), Pub Date: 2020-10-23, DOI: 10.1177/1368430220960795。

以此增加上述人群改善社会地位的机会，消除不同地位集团之间的壁垒。二是建立能够容纳不同民族利益观念的文化体系。通过保存和发展族裔框架下体现血缘意义的本土文化，构建公民框架下体现共享法律意义的公共文化，将国民的族裔共同体与地域政治共同体相融合，在国家领土范围内将国民共同体相联合，并使之融入为各族成员所认同的文化共同体中。民族国家的理想和结构，民族国家与国家认同的统一因此得到巩固和强化。三是兼顾和协调个人利益、民族利益与国家利益。从本质上说，实现民族认同向地区认同、国家认同的转变过程，是民族集团、主权国家政府协调个人利益、民族利益和国家利益的过程。当这些利益抵触时，主权国家政府应当遵循的原则是：个人利益、民族利益与国家利益间尽可能兼顾和协调。同时，应较多地关注人类共同体利益或全球安全。

从理念上讲，实现塞尔维亚的统一应是科索沃地区利益的重中之重。但是迄今为止，这个问题似乎并未得到科索沃民众的普遍认同。事实上，国家利益的重塑已成为塞尔维亚捍卫国家统一的当务之急。此举意味着塞尔维亚各族应完成从民族认同到国家认同的转变。为了追求本民族利益，将本族利益置于国家利益之上，不惜引发战争选择脱离母国，实际上"宣布独立"之后难免举步维艰，科索沃就是一例。在相当长的时间里，科索沃在国际舞台上的"存在感"会比较有限，实现与塞尔维亚关系正常化，以及为欧盟和联合国所接纳的前景仍然遥不可期。

（执笔人：刘泓）

土耳其族群政策和立法的历史演变及其内在价值逻辑

尽管存在理念、政治及法律制度上的诸多限制，事实上土耳其是一个典型的多民族国家。自独立以来，土耳其政府审时度势，在不同的历史时期采取不同的族群政策和立法。在共和国建立的最初二十多年里，土耳其政府从语言等多个方面入手着力打造"土耳其人"，致力于建构一个不分族群的公民国家；进入民主化时期，土耳其政府一方面试图通过政党政治等民主化的政策和立法化解"民族问题"①；另一方面却由于民主化失序导致的军人政治而使其民族问题急剧恶化。2000 年后，随着欧盟、美国等外部力量介入程度的加深，土耳其的族群政策和立法呈现出一定程度的"人权化"取向，其民族问题随之也得到一定缓和。2015 年之后，随着加入欧盟愿景的渐行渐远，土耳其的族群政策和立法逐渐回归其传统的强硬立场。

土耳其族群政策和立法的历史演进及其内在价值逻辑，一方面反映了新兴国家进行民族国家构建的普遍困境；另一方面也折射出土耳其作为一个有着特殊历史遗产和国情的发展中国家所面临的独特挑战。显然，研究土耳其的族群政策和立法的历史过程，不仅有助于总结并鉴取土耳其在应对民族问题上的经验和教训，而且有利于全面认识新兴国家在民族国家构建问题上的得与失。

---

① "民族问题"是中文语境下对与少数民族或族群相关的政治、法律、社会和文化现象的概括性称谓。尽管不同国家对"民族问题"话语及意涵有着十分不同的解读，但这并不妨碍我们对其"民族问题"的研究。

一　土耳其的族群结构问题

在土耳其，族群结构问题不仅是一个事关人口—文化的社会学问题，更是一个严肃的政治法律问题。与法国相似，土耳其《宪法》只承认一个"民族（nation）"，那就是"土耳其人"①。除了"土耳其民族（Turkish nation）"之外，土耳其不承认任何"少数民族"（national minority）甚至"少数族群"（ethnic minority）的存在，② 土耳其的这种民族或族群观与其独特的历史进程和政治法律传统密切相关。纵使在西方的压力下，被视为土耳其"出生证"的《洛桑条约》也只承认了三个"宗教上的少数群体"，即希腊人、亚美尼亚人和犹太人，这三个少数群体仅占土耳其总人口的 0.1%。③ 由此观之，土耳其似乎不存在足以引起"民族问题"的多元族裔群体。

如果我们把目光从历史、政治和法律传统转向现实，就会发现土耳其确是一个名副其实的多民族（族群）国家。正如一句土耳其民间

---

① 土耳其 1982 年宪法第 66 条第 1 款规定"具有土耳其公民身份的人就是土耳其人"。

② 在影响深远的《洛桑条约》框架下，土耳其政府承认的实际上只是三个"宗教群体"，而不是"少数族群"或"少数民族"。1992 年，土耳其在批准"欧安组织赫尔辛基法案（OSCE Helsinki Act）"时声明"根据土耳其宪法（constitutional order），'少数族群（minority）'术语的使用，仅限于土耳其已签署的双边和多边条约"。值得注意的是，由于复杂的历史和现实原因，土耳其的各类少数群体（除一部分阿拉维人以外）都不想被认定为"少数民族""少数群体"或"少数者"，一个重要的原因是，在土耳其，"少数者（minority，土耳其语为 azınlık）"，意味着"奇怪（strange）""疏离（alien）""卑微（inferiority）""贬低"，带有明显的"隔离效应（segregating effect）"，"少数者"一词往往与威胁土耳其统一性联系在一起。因此，一些穆斯林背景的族群如库尔德人、阿拉维人和切尔克斯人一直坚称他们是"土耳其民族（nation）"的构成性要素（constitutive elements），反对被标记为"少数族群"或"少数人"，强调他们属于土耳其穆斯林民族（nation）。这种看法一直持续到 21 世纪。2005 年，欧盟委员会在其"土耳其入盟进展报告"将库尔德人和阿拉维人称为"少数族群（minority）"，此举引起了他们的强烈不满，他们甚至指责欧盟"在疑欧主义盛行之时试图分裂土耳其"。Sule Toktas, "Bulent Aras, The EU and Minority Rights in Turkey", *Political Science Quarterly*, Vol. 124, Issue 4, 2009; Ayhan Kaya, "Multiculturalism and Minorities in Turkey", in Raymond Taras ed., *Challenging Multiculturalism: European Models of Diversity*, Edinburgh University Press, 2013, p. 302.

③ CIA, "Turkey", 2015, The World Factbook, Retrieved on September 1, 2018.

谚语说的那样，"土耳其有 72.5 个民族"①。当然，这种说法不乏夸张的成分，但它确实反映了土耳其的多族裔性。有学者认为，土耳其境内的族群数量至少有 47 个。② 根据美国中央情报局的估算，土耳其裔人（Turkish）约占总人口的 70%—75%，库尔德人约占 19%，其他少数族群约占 7%—12%，③ 该数据比较接近土耳其族裔结构的真实状况。④

那么，土耳其的具体族群状况究竟如何？按照现行的政治和法律制度逻辑，土耳其的少数族群大致可以分为"获得承认的少数族群"（Recognized Minorities）和"未获得承认的少数族群"（Non-Recognized Minorities）的两类。

（一）"获得承认的少数族群"

犹太人、希腊东正教基督徒（The Greek Orthodox Christians）和亚美尼亚东正教基督徒（The Armenian Orthodox Christians）是土耳其政府公开承认的三个少数群体。自《洛桑条约》以来，土耳其历届政府在该条约框架下推行其族群政策。根据该条约，只有这三个非穆斯林宗教少数群体才能够享受"少数族群"的待遇，其他少数群体一律得享"语言权利"及"平等的"公民权利。

1. 犹太人

据考证，土耳其安纳托利亚地区（Anatolia）犹太人的历史最早可以追溯到公元前 4 世纪的爱琴海地区。⑤ 历史上，土耳其犹太人群

① 其中 "0.5 个" 指的是罗姆人。Servet Mutlu, "Ethnic Kurds in Turkey: A Demographic Study", *International Journal of Middle East Studies*, Vol. 28, No. 4, 1996; "Restrictions on the Use of the Kurdish Language", In Human Rights Report, https://www.hrw.org/reports/1999/turkey/turkey993-08.htm, Retrieved on September 1, 2018.

② Servet Mutlu, "Ethnic Kurds in Turkey: A Demographic Study", *International Journal of Middle East Studies*, Vol. 28, No. 4, 1996.

③ CIA, "Turkey", 2016, The World Factbook, https://www.cia.gov/library/publications/resources/the-world-factbook/fields/400.html#TU, Retrieved on September 1, 2018.

④ 由于土耳其当局不承认其族裔多样性，自 1965 年以来，国家没有专门统计族裔、语言、宗教等口径的人口数据。因此，有关数据只能是估算。

⑤ 在萨迪斯（Sardis）和布尔萨（Bursa）附近，以及爱琴海、地中海和黑海沿岸都发现了公元前 3 世纪犹太教堂的遗址。Turkey Virtual Jewish History Tour, Jewish Virtual Library, https://www.jewishvirtuallibrary.org/turkey-virtual-jewish-history-tour. Retrieved on September 3rd, 2019.

体的解放、发展及繁荣与奥斯曼帝国及早期的土耳其共和国密切相关。①

迄今，土耳其境内约有 2 万—2.5 万犹太人，他们聚居在伊斯坦布尔，小部分散居在阿达纳、安卡拉、布尔萨、恰纳卡莱、伊斯肯德伦和柯克拉雷利等地。② 其中，大部分是 1492 年从西班牙驱逐出境的塞法迪姆犹太人（Sephardic Jews）的后裔，操拉迪诺语（Ladino）（15 世纪西班牙语的一种变体）。另外一小部分犹太人被认为属于阿什肯纳（ethnic Ashkenazi）少数族群，他们讲意第绪语（Yiddish）（这是一种从高地德语派生的语言）。可见，仅从犹太人群体自身来看，其内部也是多元而非均质化的。③

2. 希腊东正教基督徒

多年来，希腊语一直是生活在爱琴海群岛两岸所有人的通用语言。希腊文化和后来的希腊东正教在拜占庭帝国一千多年的历史中始终占有重要地位。第一次世界大战和随后的 1922 年希腊土耳其战争期间，安纳托利亚的希腊人受到系统的清洗。希土战争结束后，土耳其和希腊签订了《洛桑条约》，其中一项内容就是人口交换。大规模人口交换后，留在土耳其的希腊人只有 20 万人左右。④ 第二次世界大

① 1324 年奥斯曼军队赶走了拜占庭人，占领了布尔萨，犹太人从此摆脱了拜占庭帝国数世纪的压迫，开始在奥斯曼人的统治下逐渐发展繁荣。14 世纪早期，奥斯曼人同样为在欧洲（匈牙利、法国、西西里和巴伐利亚）遭受迫害和驱逐的犹太人，提供了安全的港湾。1492 年奥斯曼帝国向遭到西班牙和葡萄牙驱逐的西班牙裔犹太人张开怀抱。15 世纪，越来越多从意大利和波希米亚被驱逐出去的犹太人也在奥斯曼帝国定居。16—18 世纪，相对于欧洲来说，犹太人在奥斯曼帝国受到特别宽容的待遇，他们因此在奥斯曼帝国发展繁荣起来。第二次世界大战期间，随着第三帝国及其帮凶迫害和消灭犹太人，土耳其再次成为受迫害犹太人的避风港。参见 L. Almairac，"Turkey：A Minority Policy of Systematic Negation"，International Helsinki Federation for Human Rights（IHF）and IHF Research Foundation Report，Vienna，2006，p. 10.

② F. Diindar，Tarkiye Nuifus Saylmlarinda Azinhklar，Istanbul：1iviyazilan，2000，p. 154；N. Karimova and E. Deverell，Minorities in Turkey：Occasional Papers No. 19，Stockholm：The Swedish Institute of International Affairs，2001.

③ L. Almairac，"Turkey：A Minority Policy of Systematic Negation"，International Helsinki Federation for Human Rights（IHF）and IHF Research Foundation Report，Vienna，2006，p. 10.

④ Richard Clogg，*A Concise History of Greece*，Cambridge：Cambridge University Press，2002.

战期间，土耳其希腊人又一次遭到系统的清洗。到1955年，大屠杀及迫害导致土耳其的希腊人口锐减至几千人。截至2006年，估计大约有5000名希腊人后裔居住在伊斯坦布尔以及位于达达尼尔海峡西入口处的两个岛屿上。值得注意的是，这些人被视为希腊东正教徒（Greek Orthodox），而不是希腊族人（ethnic Greeks）。[①]

3. 亚美尼亚东正教基督徒

亚美尼亚人起源于南高加索和安纳托利亚东部，其历史可以追溯到3500多年前，历史上他们被先后被波斯人、拜占庭人、阿拉伯人、蒙古人、奥斯曼土耳其人和俄罗斯人征服过。19世纪后期起，亚美尼亚人与奥斯曼帝国的其他民族逐渐相处融洽。1877—1878年俄土战争结束后，俄国人控制了亚美尼亚人的大部分土地，奥斯曼人便开始了对亚美尼亚人的迫害，理由是亚美尼亚人与俄罗斯帝国结盟并寻求从它那里获得独立。尽管许多亚美尼亚人在奥斯曼帝国担任着重要职务，但这种猜疑最终还是导致青年土耳其党人（Young-Turk）对他们的种族清洗。据估算，从1915—1916年期间，至少有150万亚美尼亚人在强制迁徙期间被杀害或在难民营中丧生，许多人被迫迁移至俄罗斯占领的亚美尼亚地区。今天约有6万名亚美尼亚东正教徒居住在土耳其。大多数亚美尼亚人属于基督教一性论派（monophysitism）的使徒正教会，但也有部分亚美尼亚人是天主教徒和新教徒。[②]

（二）"未获得承认的少数族群"

除了获得当局承认的三个宗教少数群体以外，土耳其还存在着大量未获承认的族裔、语言或宗教上的少数群体包括库尔德人、罗姆人、阿拉维人（Alevis）、拉兹人、切尔克斯人、波斯尼亚人、保加利亚人、格鲁吉亚人、阿拉伯人、非洲人、雅兹迪人（Yazidis）、亚述—迦勒底人（Assyrian-Chaldean）、巴哈伊教徒（Baha'is）、新教徒

---

① L. Almairac, "Turkey：A Minority Policy of Systematic Negation", International Helsinki Federation for Human Rights（IHF）and IHF Research Foundation Report, Vienna, 2006, p. 10.

② L. Almairac, "Turkey：A Minority Policy of Systematic Negation", International Helsinki Federation for Human Rights（IHF）and IHF Research Foundation Report, Vienna, 2006, p. 11.

和天主教徒基督徒、什叶派穆斯林和雅各布派（安提阿教会）社群，等等。以下主要介绍几个比较有代表性的少数群体。

1. 库尔德人

库尔德人是一个族裔—语言群体，居住在中东北部的山区（包括伊拉克北部，伊朗西北部，叙利亚东北部和土耳其东南部及高加索部分地区），统称为"库尔德斯坦"。在土耳其，库尔德人主要聚集在东南部的 11 个省份，称"北土库尔德斯坦"。库尔德人认为自己是赫里安人（Hurrians）的后裔。库尔德人使用的库尔德语，该语言由两种主要方言和几种亚方言组成，约 50% 的库尔德人居住在土耳其。库尔德人占土耳其总人口的 20% 左右，约为 1500 万人。① 他们大多说基尔曼语（Kirmanji），但是许多居住在迪亚巴克尔北部和西部的阿拉维库尔德人和一些逊尼派库尔德人居讲扎扎语（Zaza）。宗教上，大部分库尔德人属逊尼派伊斯兰教徒，小部分人分属阿拉维派（人）和什叶派。

2. 罗姆人

罗姆人首次在奥斯曼帝国进行身份登记的时间为 1475 年（登记的目的是为了收税），而非同寻常的是，奥斯曼帝国罗姆人的公民地位（civil status）划分不是按其他群体那样依据宗教，而是按照族裔标准。尽管如此，总的看来，罗姆人在奥斯曼帝国的地位，在同一时期要优于西欧的罗姆人。②

根据官方记载，土耳其大约生活着 50 万罗姆人，而"伊斯坦布尔人权协会"估计的罗姆人数量则为 300 万—350 万之间。③ 大多数罗姆人为穆斯林，也有少数是基督教徒。他们讲的罗姆语深受土耳其语、库尔德语及希腊语的影响。罗姆人被排除在主流社会之外，且常被"污名化"。一般认为，罗姆人生活在色雷斯地区（这是土耳其的欧洲部分），实际上，罗姆人遍及土耳其全境。土耳其人对罗姆人存

① L. Almairac, "Turkey: A Minority Policy of Systematic Negation", International Helsinki Federation for Human Rights (IHF) and IHF Research Foundation Report, Vienna, 2006, p. 12.

② L. Almairac, "Turkey: A Minority Policy of Systematic Negation", International Helsinki Federation for Human Rights (IHF) and IHF Research Foundation Report, Vienna, 2006, p. 12.

③ U. S. Department of State Turkey Country Report on Human Rights Practices for 1998, Washington: Bureau of Democracy, Human Rights, and Labor, 1998. 该数据比其他来源的数据高出六七倍。

在固有的偏见，根据 1934 年《定居法案》的规定，罗姆人甚至无权在土耳其定居——在该法案中罗姆人被称为"流动的吉普赛人"。罗姆人经常被视为"二等公民"，在就业、住房和获得医疗等方面受到歧视。① 根据欧洲罗姆人人权研究中心的报告，"罗姆人与土耳其裔人之间的区隔十分显著。'许多土耳其裔告诉我们，不要进入罗姆人的社区，那里非常危险'"②。

3. 多姆人

多姆人（Dönme）自称弥赛亚的犹太信徒的后裔。1666 年，多姆人被迫皈依伊斯兰教。他们的教义兼具犹太人和伊斯兰的元素。土耳其语中多姆人语意思"皈依"（convert），但它隐含"变节者"（turn-coat）的意思。20 世纪末，多姆人口约为 1.5 万人，主要聚居于伊斯坦布尔、埃迪尔内和伊兹密尔。由于得不到土耳其犹太人和穆斯林的承认，纵使多姆人在商业和专业方面取得的显赫成就，都无法促使他们跻身于土耳其社会精英行业中。直到 20 世纪 80 年代，随着公开歧视的减少，多姆人和其他穆斯林之间的通婚逐渐变得越来越普遍。③

4. 阿拉维人

阿拉维信仰的宗教思想是一个混合体，兼具"伊斯兰什叶派和苏菲派的思想、基督教神学及安托利亚传统文化思想"④。"阿拉维"是一个很宽泛的概念，包括了大量的什叶派穆斯林社群，这些社群之间的实际信仰和宗教仪式之间存在较大差异。讲阿拉伯语的阿拉维人聚居于土耳其南部，特别是哈塔伊（Hatay）和亚达那（Adana）地区，他们是叙利亚地区阿拉维社群的延伸，与其他地区的阿拉维人没有任何的历史渊源。⑤ 这部分阿拉维人的数量非常少，他们对土耳其的影

---

① "Roma Rights Field Report", 1997. Budapest: European Roma Rights Center, 1997, at http://errc. org/rr_ spr1997/field. shtml. Retrieved on September 1, 2018.

② Sêlīn Önen, "Citizenship Rights of Gypsies in Turkey: Roma and Dom Communities", *Middle Eastern Studies*, 2013, pp. 608 – 622.

③ Nigar Karimova and Edward Deverell, *Minorities in Turkey*, Published by Utrikespolitiska institutet, The Swedish Institute of International Affairs, 2001.

④ 李艳枝：《试论土耳其阿拉维派穆斯林的特征及处境》，《世界民族》2009 年第 1 期。

⑤ John Shindeldecker, "Turkish Alevis Today", http://www. sahkulu. org/xalevis1. htm, Retrieved on September 1, 2018.

响可以说是微乎其微。大多数阿拉维人与土耳其裔人没有太大的差别，他们主要聚居在安纳托利亚中部和东部地区，使用土耳其语。其中，有 300 万人兼具阿拉维人和库尔德人的双重身份。[①] 对于这部分人而言，应该忠于族裔身份还是宗教身份成为一个两难的选择。出于对潜在的宗教族群冲突的担忧，大部分人选择宗教身份（认同），愿与其他阿拉维人团结，而不愿与库尔德人结盟。[②]

阿拉维人同时又可分为土库曼人（Turkomans）、犹卢克人（Yoruk）和塔塔兹人（Tahtaci）等不同分支，其中土库曼人被认为已经高度"土耳其化"；塔塔兹人则自认为是土库曼人，比起其他阿拉维人，塔塔兹人被污名化程度更高；犹卢克人与周边其他群体之间存在着经济上的冲突。

阿拉维人是土耳其四大什叶派之一，占全国什叶派穆斯林人口总数的 70%[③]，属于宗教上的少数群体。在逊尼派穆斯林占多数的土耳其，阿拉维人很难公开表达自己的信仰。20 世纪 80—90 年代，逊尼派右翼分子和阿拉维左翼分子之间的关系紧张。由于遭受普遍的偏见和歧视，阿拉维人即使是受到了逊尼派右翼分子的骚扰，也很少通过正式渠道获取官方的救济。历史上，国家不断干预阿拉维人的宗教事务，特别是在礼拜场所和宗教教育方面。[④]"土耳其化"政策的长期推行，加剧了阿拉维群体的生存困境。[⑤] 20 世纪 90 年代特别是 21 世纪以来，阿拉维人的总体处境大大改善。

---

① Nigar Karimova and Edward Deverell, *Minorities in Turkey*, Published by Utrikespolitiska institutet, The Swedish Institute of International Affairs, 2001.

② U. S. Department of State, "Turkey Country Report on Human Rights Practices for 1998", the Bureau of Democracy, Human Rights, and Labor, 1998.

③ Nigar Karimova and Edward Deverell, *Minorities in Turkey*, Published by Utrikespolitiska Institutet, The Swedish Institute of International Affairs, 2001.

④ 如伊斯坦布尔的福利党市长就曾表示要关闭阿拉维人的礼拜堂。Kevin Boyle and Juliet Sheen, eds, *Freedom of Religion and Belief: A World Report*, London and New York: Routledge, 1997, p. 391.

⑤ 在政治领域，阿拉维人的代表远远低于其人口比例；在就业方面普遍受到歧视，他们甚至被剥夺了在国家宗教事务部门的代表资格。Gunnar M. Karlsen, ed., Freedom of Religion in Turkey: The Secular State Model, the Closing Down of the Welfare Party, and the Situation of Christian Groups, The Norwegian Helsinki Committee 1998.

5. 切尔克斯人

切尔克斯人（Caucasians Groups，土：Cherkess）起源于高加索山区，属于高加索人的一支，他们被认为是北高加索地区古老的原住民群体，是该地区的三个"小而有鲜明特色群体"中的一个（另外两个是格鲁吉亚人和拉兹人）①。切尔克斯人大约于公元 10 世纪形成了较为稳定的身份（认同），在随后的几个世纪里，他们先后受到波斯、罗马、拜占庭、格鲁吉亚，以及后来的奥斯曼帝国的影响。在奥斯曼帝国时期，他们中的许多人在军中担任职务。18 世纪②以及 19 世纪早期、中期一直到 1864 年，大批切尔克斯人死于俄罗斯帝国大规模的镇压和驱逐。许多人逃到了奥斯曼帝国。如今，土耳其是切尔克斯人口最多的国家，总人数约为 300 万人。③

6. 拉兹人

土耳其至少有 50 万拉兹人（Laz）④，大多数人住在土耳其东北部，沿特拉布宗东部黑海沿岸一带。安纳托利亚西北部以及伊斯坦布尔和安卡拉也有拉兹社区。拉兹人曾经信奉基督教，现在大多数人是逊尼派穆斯林，讲的是与格鲁吉亚和南切尔克斯相关的语言。

以上笔者较为详细地介绍了土耳其的族裔及相关宗教、文化和语言状况，尽管存在着"获得承认"和"未获得承认"少数族群⑤的差

---

① Nigar Karimova and Edward Deverell, *Minorities in Turkey*, Published by Utrikespolitiska Institutet, The Swedish Institute of International Affairs, 2001.

② 18 世纪末，约有 7 万名切尔克斯穆斯林移民定居于阿达纳地区，并繁衍生息。Nigar Karimova and Edward Deverell, *Minorities in Turkey*, Published by Utrikespolitiska Institutet, The Swedish Institute of International Affairs, 2001.

③ 参考尹婧《土耳其切尔克斯人问题探析》，《世界民族》2017 年第 2 期。大多数西方学者认为，土耳其大约有 200 万—300 万切尔克斯人。但是，据土耳其高加索基金会（Caucassian Foundation）的数据，土耳其约有 700 万切尔克斯人。

④ L. Almairac, "Turkey: A Minority Policy of Systematic Negation", International Helsinki Federation for Human Rights (IHF) and IHF Research Foundation Report, Vienna, 2006, p. 10.

⑤ 尽管到目前为止不论是在理论界，还是实务界，都不存在一个普遍公认的"少数族群"（minority）定义，但一个共同默认的规则是，一国不能单独认定其境内是否存在少数族群。Kristen Henrard, *Devising an Adequate System of Minority Protection*, Hague, 2000, p. 18; Arndt Kunnecke, "The Turkish Concept of 'Minorities': An Irremovable Obstacle for Joining The EU?" *European Scientific Journal*, December 2013 /Special/ edition Vol. 2.

别，但是从客观的角度或者从社会科学研究的角度来看，土耳其的族裔、宗教、文化和语言多样性是非常明显的。值得注意的是，从宗教结构上看，由于历史上的人口交换、驱逐甚至清洗，完成民族国家建构的土耳其在其所重视的宗教结构方面，已接近于单一，土耳其伊斯兰教信徒占总人口的近99%。[①]

二　土耳其的族群政策和立法的历史演变

如前所述，尽管存在着丰富的族裔、宗教、文化和语言多样性，但在政策和立法层面，土耳其政府并不承认"少数族群（民族）"的存在。其相关政策和立法文本很少提及"少数族群"（ethnic minority）甚至"少数群体"（minority）的这个词汇。在其国家政策和立法体系中，既没有专门的政策和立法来规范少数族群的权利保护问题，也没有间接通过反歧视法保障少数族群的权利法律法规。[②] 不仅如此，在外交活动中，土耳其政府也尽力避免可能导致承担保护少数族群权利的国际义务的行为。[③] 但是，土耳其这一系列的策略选择并不能说明土耳其不存在少数族群，这更不能得出土耳其没有族群政策和立法的

[①] https：//www. cia. gov/library/publications/resources/the － world － factbook/geos/tu. html. Retrieved on September 1，2019.

[②] 1999 年赫尔辛基峰会后，为满足欧盟提出的入盟要求，土耳其开始改革其相关法律和政策，强化公民权和人权框架的反歧视行动。在此过程中，极力避免将少数族群作为一个单独的类别进行特殊保护。

[③] 如果相关条约是专门针对少数族群权利的，如《欧洲少数民族权利保护框架公约》，那么土耳其的政策就是不签署；如果条约不是关于少数族群问题的，但条约的实施可能导致对少数族群的赋权，那么它的策略便是有保留地签署，如签署《公民权利和政治权利国际公约》时对其第 27 条作出保留，对《儿童权利公约》第 17、29、30 条和《经济社会及文化权利国际公约》第 13 条的第 3、4 款作出保留式签署。土耳其政府的这种态度同样也体现在对待"欧安组织"相关条约的条款上。A Quest for Equality：Minorities in Turkey，report prepared for Minority Rights Group International project titled "The Protection of Minority Rights and the Prohibition of Discrimination in Turkey"，funded by the European Commission，European Initiative for Democracy and Human Rights，Combating Racism and Xenophobia and Promoting the Rights of Minorities （December 2007）. https：//www. hertie － school. org/fileadmin/5_WhoWeAre/1_People_ directory/Postdoctoral_ researchers_ downloads/Kurban/Dilek_ Kurban_ CV_ Publications. pdf. Retrieved on September 17th，2019.

结论。相反，由于"民族问题"在土耳其国家中的特殊地位，[①] 土耳其的族群政策和立法深深地镶嵌在其体制和实践之中，其历程至少与土耳其共和国的历史等长。[②] 建国后，土耳其的族群政策和立法大致经历了以下五个历史阶段。

（一）土耳其共和国建立至民主化开启时期（1923—1949 年）的族群政策和立法

1923 年 10 月土耳其共和国宣布成立。建国后，为了构建一个类似西欧国家的均质化民族国家，新生的土耳其共和国从各个方面发力。在国家认同方面，凯末尔主义者将"土耳其人（Turkish people）"定义为"那些保护和促进土耳其民族（Turkish Nation）的道德、精神、文化和人文价值的人"；有时凯末尔也将国家认同或"土耳其人"的标准归结为"共享一种语言的人"[③]，他认为，"语言是一个民族（nation）最明显、最宝贵的品质，一个声称归属于土耳其民族（Turkish nation）的人应该首先并且无论如何都应该讲土耳其语。如果一个人不讲土耳其语，那么无论他怎样声称归属于土耳其民族（Turkish nation）和土耳其文化都是不可信的"[④]。受凯末尔（主义）的影响，许多土耳其政治家和知识分子都认为，要想获得土耳其公民

---

① 土耳其民族问题至少具有以下四个特点，即"民族问题与国家安全之间存在着一种历史—结构性的联系""民族问题与宗教问题深度勾连""民族问题具有强烈的'外部性'""土耳其民族问题事关全局性"等。在土耳其，民族问题绝不是一个边缘性的或细枝末节问题，相反，它是贯穿土耳其民族国家发展过程的一个重大结构性问题。在某种程度上，可以说民族问题决定着整个土耳其国家的发展走向乃至国运。周少青：《土耳其民族问题析论》，《学术界》2019 年第 8 期。

② 实际上，早在土耳其共和国成立之前的洛桑会议上，协约国代表及土耳其共和国的建国先驱者就已经为土耳其未来的族群政策和立法定了基调。

③ 早在土耳其共和国建立之前的 1911 年，"团结与进步委员会"就决定在帝国的所有学校推行土耳其语，以打造"土耳其人"的民族意识和爱国精神。Senem Aslan, *Citizen, Speak Turkish*！: *A Nation in the Making*, *Nationalism and Ethnic Politics*, Routledge, 2007, pp. 245 – 272；Umut Özkirimli and Spyros A. Sofos, *Tormented by History*: *Nationalism in Greece and Turkey*, New York: Columbia University Press, 2008, p. 167.

④ Hans-Lukas Kieser ed. , *Turkey Beyond Nationalism*: *Towards Post-nationalist Identities*, London；New York：I. B. Tauris；New York：Distributed in the USA by Palgrave Macmillan, 2006, p. 44.

的全部权利，就必须学习和使用土耳其语。他们认为，就少数族群而言，如果不讲土耳其语或者不接受土耳其文化，就不能成为土耳其公民。① 1935 年，在共和人民党的第四次代表大会上，时任土耳其总理伊斯梅特·伊诺努公开声明"与我们生活在一起的所有公民都必须说土耳其语，对此我们不会保持沉默"②。

正是在上述背景下，在土耳其政府的支持下，一些深受民族主义影响的法律系学生③发起"公民，说土耳其语！"运动，④该运动的倡导者要求那些非土耳其语使用者在公共场合讲土耳其语。他们的宣传横幅上写着"不说土耳其语的人不是土耳其人""要么说土耳其语，要么离开这个国家"。⑤ 值得注意的是，这种学生发起的社会运动并没有仅仅停留在宣传或鼓动层面，而是对语言少数族群产生了实实在在的后果。⑥

除了语言上的一体化政策和实践以外，针对不同的族群，土耳其政府分别采取不同的政策和立法。第一，对于国内最大的少数族群库尔德人，采取"阶级化"和"去族群化"的策略：一方面延续《洛桑条约》甚至奥斯曼帝国米利特传统，将库尔德人视为与主体族群的一部分，认为他们代表着反世俗化、反现代化和反西方化的部落人群；另一方面从单一民族国家建构的立场坚决否定库尔德人的族性

① Başak Ince, *Citizenship and Identity in Turkey*: *from Atatürk's Republic to the Present Day*, London: I. B. Tauris, 2012, p. 61.

② Soner Cagaptay, *Islam*, *Secularism*, *and Nationalism in Modern Turkey*: *Who is a Turk*? Routledge 2006.

③ 当然，其中不乏有人仅仅是出于推广国家"通用语言"的目的。

④ "'公民，说土耳其语！'运动"正式发起于 1928 年初，而在此之前的 1924 年，土耳其大国民议会已经开始酝酿将土耳其语规定为"强制性语言（compulsory language）"、违者罚款的立法。而几乎与此同时，一些地方如布尔萨市、巴勒克埃西尔（Balıkesir）等已经开始对公共场所使用非土耳其语的人进行罚款，到 1936 年此类地方性的罚款立法遍及全国。Başak Ince, *Citizenship and Identity in Turkey*: *From Atatürk's Republic to the Present Day*, London: I. B. Tauris, 2012, pp. 61 – 62.

⑤ Başak Ince, *Citizenship and Identity in Turkey*: *From Atatürk's Republic to the Present Day*, London: I. B. Tauris, 2012, p. 61.

⑥ 在宾馆、饭店、剧场、咖啡馆等公共场合，一些少数族群成员因不会讲土耳其语而受到骚扰，还有一些人因此遭到罚款，不少人遭到逮捕直至被以"诋毁土耳其特性（insulting Turkishness）"的罪名追究刑事责任。E. Fuat Keyman and Ahmet Icduygu ed., *Citizenship in a Global World*: *European Questions and Turkish Experiences*, Routledge, 2005, p. 299.

（Kurdishness），将他们归类为"山地土耳其人"。实践中，对东南部地区库尔德部落的宗教叛乱坚决予以镇压。1934 年颁行的《迁徙法》否定了库尔德部落的政治和行政权威，将传统社会下的部落"分权"一律废除或收回。① 1937 年土耳其议会通过一项法案，该法案试图通过将东部地区一部分库尔德人移居到西部，同时把来自巴尔干和卡夫卡西亚（Kafkasya）的移民安置到该地区来改变东部地区人口结构，从而达到同化库尔德人的目的。

除了强制迁徙部落人口到土族人居住的西南部地区外，伴随着 20 世纪 20、30 年代的平叛活动，土耳其政府还加强了对库尔德人居住的东部和东南部的社会改造和经济开发：在广大的库尔德农村地区放逐或处死有影响力的领主，以期打破部落制，破坏封建体系；向东部修建铁路，在边远地区修建公路，开办学校讲授土耳其语，改善农业方法以吸引游牧的库尔德人转向农业，如此等等。

第二，在对待除库尔德人以外的其他少数族群（群体）方面，土耳其政府坚持《洛桑条约》的原则性规定并按照自己的理解来确认少数族群。为了确保主体族群（穆斯林）以外的少数者权利，《洛桑条约》将保护的重点放在非穆斯林群体上，强调土耳其必须保护其境内的非穆斯林少数群体。循着并利用这个思路，土耳其政府巧妙地将少数群体（族群）的资格限定于希腊人、亚美尼亚人和犹太人三个宗教少数群体，而对亚述人、切尔克斯人等许多少数族群特征明显的群体一律选择性忽略。1925 年土耳其与保加利亚签订"友好条约"，同意把伊斯坦布尔的保加利亚裔土耳其公民纳入少数族群的范围。② 这样，三个宗教少数群体加上保加利亚裔少数族群，土耳其政府确认"合法的"少数

---

① Mesut Yegen, "The Kurdish Question in Turkish State Discourse", *Journal of Contemporary History*, Vol. 34, No. 4, 1999.

② 这一条约可视为 1913 年奥斯曼土耳其与保加利亚签署的《君士坦丁堡条约》的继续，该条约第 8 条明确规定："所有保加利亚领土上的伊斯兰保加利亚臣民应享受具有保加利亚血统臣民所享受的同样的公民和政治权利。他们应享有思想自由、宗教自由和举办公开的宗教活动的自由，伊斯兰教徒的习惯应受到尊重。"周少青：《少数民族权利保护的国际共识和国家义务（二）》，《中国民族报》2012 年 6 月 22 日。

族群人口数量实际上只有 9 万多人。①

第三，对于除上述"合法的"少数群体以外的其他少数族群，土耳其政府一律采取"平等的公民权利"范式，即赋予他们作为土耳其公民的"无差别的"公民权利。然而，实践中对这些少数族群的歧视层出不穷。② 与此同时，公民权利的保障范式也使得土耳其主体族群③在政治、社会和教育等方面享有实际上的优势或特权地位。

第四，对诸如阿拉维人这样特殊的宗教少数群体，④ 则采取了政治和社会生活的世俗化进路，其中一个重要做法是消除除清真寺以外的宗教仪式和实践，使他们失去借以组织自己特有的宗教仪式的场所如礼拜堂（Cemevis）、托钵僧小屋等，从而消除该群体对主流逊尼派的冲击。⑤ 需要指出的是，尽管作为宗教少数群体，阿拉维人没有获得宗教上的合法地位，但由于广泛推行凯末尔主义的世俗化和西式的天赋人权、自由平等理念和制度，阿拉维人第一次获得了法律上的平等权。⑥

第五，在"合法的"少数群体权利保护方面，土耳其政府总的策

---

① Sule Toktas, and Aras Bulent, "The EU and Minority Rights in Turkey", *Political Science Quarterly*, Vol. 124, No. 4, 2009.

② 如在两次世界大战期间，土耳其军队以穆斯林或"土耳其人"为标准进行区隔，非穆斯林或非土耳其族（Turkish race）被解除武装，分配到非战斗岗位。1942 年颁布的"资本税法"对非穆斯林适用高税率，一些交不起税的非穆斯林甚至被送入劳动营。此外，歧视性做法还体现在定居政策和公民身份（入籍）等多个方面。参见 Sule Toktas, and Aras Bulent, "The EU and Minority Rights in Turkey", *Political Science Quarterly*, Vol. 124, No. 4, 2009.

③ 由于土耳其族群、宗教关系的交互性和复杂性，所谓"主体族群"在现实中主要指谓的是逊尼派哈纳菲派穆斯林（而不仅仅是血统和文化上的"土耳其人"）。

④ 阿拉维人在世俗主义和政治认同方面与土耳其民族主义者并不存在冲突，其孜孜以求的目标是实现自身宗教（教派）的合法性。阿拉维人的这一目标与土耳其的宗教正统派——逊尼派哈纳菲派穆斯林发生了明显的冲突。

⑤ Ayhan Kaya, "Multiculturalism and Minorities in Turkey", in Raymond Taras ed., *Challenging Multiculturalism: European Models of Diversity*, Edinburgh University Press, 2013, pp. 304 - 305.

⑥ 作为奥斯曼宗教帝国的"异端"之一，阿拉维人长期遭受迫害和边缘化，土耳其共和国的建立使他们第一次获得了至少是形式上的平等权。Lale Yalcin-Heckmann, "Ethic Islam and Nationalism Among the Kurds in Turkey", in Richard Tapper ed., *Islam in Modern Turkey*, London: I. B. Tauris, 1991, pp. 102 - 120.

略是缩小权利保护的类别，限制权利保护的范围。《洛桑条约》为少数族群规定了政治平等、语言权利、宗教自由、移民与迁徙自由、结社自由等基本权利和自由，并特别规定了少数族群建立宗教、教育和社会和福利机构的权利。这些权利和自由中，除了迁徙或移民权基本得到兑现外，其他权利和自由大多停留在纸面上。在权利保护的范围中，以教育权为例，虽然有关政策和立法允许非穆斯林的三个宗教少数群体开办私立学校，但根据法律，这些学校的教师一律由教育部门挑选，而作为非穆斯林的少数族群学校的校长，在挑选教师等方面也没有任何权利。① 同时，这些私立学校也不能从地方或国家层面的教育预算中获得资金支持。宗教权利方面，上述三个非穆斯林少数群体也不能新建宗教场所，如此等等。

不仅如此，伴随着土耳其民族国家运动的如火如荼地开展，土耳其少数族群的各项权利都面临威胁。1926 年的《土耳其刑法典》第159 条规定"公开诋毁土耳其特性（Turkishness）、土耳其共和国或者土耳其大国民议会的处以六个月至三年以下徒刑"②。

从土耳其共和国建立到民主化时期开启是土耳其族群政策形成的关键历史时期，这一时期确立的族群政策和立法的基本原则、基本内容尤其是价值理念为后来土耳其的族群政策和立法的发展定下了基调。③

（二）土耳其民主化前期（1950—1983 年）的族群政策和立法

20 世纪 40 年代后期开启的民主化进程对土耳其少数族群权利意识的觉醒起到重要的推动作用。1950 年议会选举，在包括库尔德人等

① Lale Yalcin-Heckmann, "Ethic Islam and Nationalism Among the Kurds in Turkey", in Richard Tapper ed., *Islam in Modern Turkey*, London: I. B. Tauris, 1991, pp. 102 – 120.

② 1928 年，九名犹太人因参加抗议一名中年土耳其男子杀害一名叫 Elza Niego 的年轻犹太女子的活动而被控"诋毁土耳其特性"，与此同时，土耳其媒体上出现了大量反犹言论。最终有四名犹太人被判"诋毁土耳其特性罪"。"New Trial Ordered for Nine Constantinople Jews Once Acquitted. Jewish News Archive", January 16, 1928. Retrieved on 23 May 2018.

③ 此后即使经历了重要的社会转型期民主化时期和应欧盟要求所做的政治和法律改革运动，也未能从根本上改变土耳其族群政策和立法的基本面。

少数族群在内的民众支持下，从共和人民党中分离出去的民主党一举击败建国的共和人民党，掌握了土耳其的国家机器。

为了保持既有的政治优势，同时回报支持其上台执政的保守的农民、大地主、新兴的中产阶级以及少数族群（库尔德部落），民主党政府取消了对宗教团体和各族裔群体活动的禁令。① 在后继的政党竞争中，民主党更是以改善库尔德人的处境相号召拉取选票，承诺将减少对东部库尔德地区的文化限制，减少该地区宪兵的"粗暴行为"，为了增强党的代表性和影响力，民主党甚至吸收了不少具有影响力的库尔德人进入议会。

与此同时，长期一党执政的、靠一味地打压库尔德人而稳定政权根基的人民共和党也开始转变立场。为了吸引库尔德人和左翼人士的选票，人民共和党开始承诺让被从东部驱逐出去的库尔德人重返家园，扩大民主与自由，赋予（库尔德）地方政府的更大的权力。②

民主化及政党政治的继续推进，使土耳其社会出现了新的分化现象，即以往的主要沿着族裔边界发生的分化（即同化与反同化），开始向阶级或利益分界的方向发展。1960 年民主党政府被土耳其军方颠覆，政变后的土耳其政府曾一度恢复共和人民党时期的强制土耳其化政策，但是随着所谓还政于民和 1961 年宪法的颁行，民主政治又重回土耳其并出现了土耳其历史上比较罕见的"最为自由的 10 年"。1961 年宪法赋予土耳其公民类似西方国家的一系列权利和自由，土耳其的少数族群作为公民也同样享有这些权利和自由。

当然也要看到，由于民族问题尤其是"库尔德问题"在土耳其社会的特殊敏感性和土耳其政治转型的复杂性，1961 年宪法给少数族群及左翼人士带来的"民主和自由"十分有限。事实上，该宪法颁布后不久，很多有关库尔德人政治和文化权利的杂志和出版物都遭到查封。1963 年土耳其政府以"企图在土耳其领土上建成库尔德国家"

---

① Kemal H. Karpat，"The Military and Politics in Turkey，1960 – 1964：A Socio-Cultural Analysis of a Revolution"，*The American Historical Review*，Vol. 75，No. 6，1970.

② 哈全安、周术情：《土耳其共和国政治民主化进程研究》，上海三联书店 2010 年版，第88 页。

为罪名，逮捕了 60 多名库尔德知识分子。①

值得注意的是，这一时期成立的土耳其工人党公开批评政府的库尔德政策，主张在"民主"和"宪法"的框架内，以权利保障的形式解决库尔德问题。1970 年土耳其工人党在其政治纲领中正式提出库尔德问题。虽然土耳其工人党对土耳其政治的影响几乎可以忽略不计，但作为一个合法的土耳其政党，它在对待所谓"库尔德问题"上迈出了重要一步。②

1971 年 3 月 12 日，土耳其军方以土东南部分裂主义问题为借口，再次发动政变。军方大肆逮捕库尔德人和左派人士，关闭和禁止了所有与库尔德人有关的组织和党派。在此过程中，土耳其工人党也遭到取缔，其领导人几乎全部被捕。在军事上和政治上对库尔德人高压的同时，库尔德人的语言文化权利进一步收紧。

非穆斯林少数族群方面，1974 年土耳其最高法院（the Court of Cassation）裁定"不允许任何由外国人组成的法人团体获取不动产"，这里的所谓"外国人"包含了土耳其的非穆斯林公民，他们的不动产仅限于他们在 1936 年名单上所宣示的，1936 年之后购买或获赠的不动产均属非法。

1980 年 9 月政变后的军人政府试图利用土耳其伊斯兰复合文化（Turkish Islamic synthesis）来减少乃至消除导致土耳其社会失序、政治极化的社会差异。为了促进以国家为中心的土耳其—伊斯兰意识，这一复合文化模式对相关符号和历史事件做了不同寻常的单一化阐释。③ 在这一思想指导下，土耳其军政府及新宪法不仅完全忽略和排斥库尔德人、阿拉维人及其他少数族群的文化和价值诉求，而且致力于消除其最大少数族群库尔德人的族裔特性：库尔德（语）媒体被完

① 李秉忠：《土耳其民族国家建设和库尔德问题的演进》，社会科学文献出版社 2017 年版，第 259 页。

② 参见 Chris Kutschera，"Mad Dreams of Independence：The Kurds of Turkey and the PKK"，Middle East Report，No. 189，the Kurdish Experience，1994. Printed by Middle East Research and Information Project，Inc。

③ M. Hakan Yavuz，"Political Islam and the Welfare（Refah）Party in Turkey"，*Comparative Politics*，Vol. 30，No. 1，1997.

全关闭，禁止任何媒体使用库尔德语，所有库尔德语书籍、电影和音乐专辑都被销毁，库尔德村庄的名称也被更改，如此等等。[①]

土耳其民主化前期正处于土耳其社会和政治结构剧烈变动时期，此期间库尔德人也处于传统社会结构逐渐解体、族裔主义勃发的高潮期。民主化为族群政治提供了空间，也为更大社会的失序和政治极化提供了条件。为实现有效的社会控制、防范库尔德人的分离主义，民主化前期的土耳其共出现了三次影响深远的军事政变。这些军事政变使土耳其的族群政策和立法变得更加刚性和难以适应变化中的现实。

（三）土耳其民主化后期（1984—1999 年）的族群政策和立法

由于民主化过程的几近失控、军事政变以及库尔德族裔主义日益极化等多种因素的作用，从 1984 年开始，土耳其的族群政策尤其是库尔德人政策逐渐演变成单向度的军事行动和严厉的社会控制。为了肃清库工党武装、确保土耳其国家领土主权完整及社会稳定，土耳其政府在东南地区进行长达十多年的军事围剿和社会控制，造成数万人的伤亡和巨大的经济损失。

与此形成鲜明对比的是，对于凯末尔主义的坚定支持者宗教少数派阿拉维人，土耳其政府则"网开一面"，给予其比较充分的文化权利和财政支持。1989 年结社禁令被废止后，阿拉维派的各类文化活动如雨后春笋般在全国范围内活跃起来。在政府各项政策的支持下，阿拉维人的出版、结社、科研及各类艺术形式蓬勃发展。从 20 世纪 90 年代起，土耳其各级政府开始打破禁止修建清真寺以外的礼拜场所的禁忌，允许甚至资助阿拉维人修建各种宗教活动场所。

关于阿拉维人政策，最引人注目的是政府对阿拉维人"文化复兴"事业的支持。1990 年官方拨款支持举办阿拉维人的哈兹贝克塔

---

① 尽管此期间成立的福利党（WP）明确反对库尔德族裔主义和土耳其民族主义，强调以奥斯曼文化和伊斯兰教打造库尔德人和主体民族的统一性，并通过使用伊斯兰术语和符号实现多样性的族裔和区域文化的共存和繁荣，但这一倡导并没有影响到主流的土耳其族群政策和立法。Yavuz, M. Hakan, "Political Islam and the Welfare (Refah) Party in Turkey", *Comparative Politics*, Vol. 30, No. 1, 1997, pp. 63 – 82.

什文化节，该节日不仅为阿拉维人的音乐家、政治领袖、学者、媒体人等提供了活动的平台，而且成为土耳其政治家包括总统、总理的活动舞台。1997 年以来，土耳其国家电视台（TRT）开始直播哈兹贝克塔什文化节开幕式。土耳其政府甚至有意将哈兹贝克塔什镇打造成阿拉维人的国际活动中心。祖国党与民主左翼党联合政府首次为阿拉维人提供财政预算支持，1998 年阿拉维人协会获得土耳其政府 42.5 亿里拉的财政拨款。[①]

最值得关注的是，土耳其政府高层对阿拉维人文化事业的态度。1998 年土耳其总理和副总理亲自领导对阿拉维派文化的研究；1999 年大选后成立的多党联合政府更是表示"有必要重视强化逊尼派—阿拉维派的兄弟情谊"，这是第一次在官方正式文件中出现阿拉维人的字眼。[②]

阿拉维文化客观上契合了土耳其官方所倡导的伊斯兰复合文化的基本理念，即将土耳其价值与伊斯兰教相结合，土耳其总理埃杰维特认为，阿拉维人的文化传统体现了土耳其民间文化和土耳其人对伊斯兰教的独特理解。土耳其文化部长则宣称土耳其社会承认阿拉维—贝克塔什思想是"进步、复兴和现代化的推动力"[③]。尽管阿拉维人作为一个宗教少数群体，没有获得法律上的合法性，但其（政治）文化和传统，得到土耳其政府与社会的广泛认可和接纳。阿拉维人与库尔德人的不同政策待遇与这两个群体的文化和特性以及土耳其政府的政治考量标准等因素密切相关。

20 世纪 90 年代以后，土耳其政府越来越意识到，解决库尔德民族问题是实现土耳其民主化的一个重要前提。1992 年，苏莱曼·德米雷尔（Süleyman Demirel）总理第一次公开宣布政府承认"库尔德现实（Kurdish reality）"。厄扎尔（Turgut Ozal）总统则对库尔德问题提出"多样化"和"自由化"的解决方略。土耳其政府首次承认库尔

---

① Sehriban Sahin, "The Rise of Alevism as a Public Religion", *Current Sociology*, Vol. 53, No. 3, 2005.

② 李艳枝：《土耳其的宗教少数派——阿拉维派》，《世界宗教研究》2015 年第 3 期。

③ Sehriban Sahin, "The Rise of Alevism as a Public Religion", *Current Sociology*, Vol. 53, No. 3, 2005.

德群体的存在并废止了禁止库尔德语言的法律。随之，土耳其的族群文化活动重新开始活跃。然而随着厄扎尔的去世，① 土耳其的族群政策特别是库尔德政策重新回到原有轨道。这也说明，在涉及库尔德问题上，是军队主导的国家安全委员会而不是民选政府决定土耳其的族群政策。②

（四）欧盟助推时期（2000—2015 年 6 月）的族群政策和立法

1999 年库工党首领厄贾兰的被捕和同年底赫尔辛基峰会决定承认土耳其的候选国资格以及正发党的执政（2002 年），是影响这一时期土耳其族群政策和立法的三个重大事件。厄贾兰被捕后数次宣布单方面停火，寻求暴力以外的解决路径。欧盟候选国身份的取得，使得土耳其国内欢欣鼓舞。正发党的执政为土耳其诸多领域的政策转型提供了历史契机。其中，欧盟成员资格的吸引对于土耳其族群政策和立法的转型起到关键作用。

为了迎接欧盟的民主、人权及少数族群保护标准的大考，土耳其政府对相关政策和法律进行了较大幅度的修改，其中涉及少数族群的改革主要表现在语言、文化权利、平等权及反歧视以及少数族群基金会的财产权等方面。

2001 年宪法修正案废除了 1982 年宪法中第 26—28 条关于严禁使用法律禁止的语言发表言论和进行新闻报道的限制。③ 2002 年，土耳其通过了一项法令，允许开设私人课程（private courses）并教授少数民族语言，同时指出，这并未与维护国家安全相悖。④ 2003 年出台的法律规定，可以保留教授少数民族语言的私人课程，同时政府对开设

---

① 随后埃尔巴坎总理提出用"伊斯兰性"来解决库尔德问题，但很快遭到军方的否决和弹压。

② Umit Cizre Sakallioglu, Parameters and Strategies of Islam-State Interaction in Republican Turkey, 1996, p. 247.

③ 李艳枝：《正义与发展党修宪与土耳其民主政治的发展》，《阿拉伯世界研究》2016 年第 2 期。

④ Law on the Amendment of Certain Laws, No. 4771, 3 August 2002, Official Gazette, No. 24841, 9 August 2002, Art. 11.

少数民族语言的学校及其教师和生源都进行了严格控制和考核，并声明绝不鼓励学校开设除土耳其语以外的其他少数民族语言。2004 年起，土耳其巴特曼（Batman）、迪亚巴克尔（Diyarbakır）、尚勒乌尔法（Şanlıurfa）、阿达纳（Adana）、伊斯坦布尔（Istanbul）、凡城（Van）、马尔丁（Mardin）等地开设了库尔德语言课程。然而，由于受到种种限制、官僚体制问题及少数群体不愿意自费学习母语等问题，这些课程被迫叫停。

2003 年出台的民事登记法律（The Civil Registry Law）取消了父母给孩子取名的限制，但法律同时规定，父母给孩子取的名字必须符合土耳其的"道德价值观"，且不得"冒犯公众"。2003 年 9 月，内政部颁布法令，规定土耳其少数族群的人名中只能包含土耳其字母，而不得出现如 Q、W 和 X 等常出现于库尔德语言中的字母。[①]

在国家法有所松动的大背景下，[②] 一些少数族群聚居的地方开始尝试用包括少数族群语言在内的多语种提供公共服务。2006 年 10 月，位于迪亚巴克尔市古老的苏尔区（自治市）政府委员会通过一项"多语市政服务"的议案，并决定提供亚美尼亚语、亚述语、英语、扎扎语、土耳其语和其他语言服务，该政策是基于苏尔区市政府的一项调查。调查显示，该地区有 72% 的居民使用库尔德语，24% 的人使用土耳其语，剩下的居民使用阿拉伯语、亚述语等。[③]

---

① Dilek Kurban, A Quest for Equality: Minorities in Turkey, report prepared for Minority Rights Group International project titled "The Protection of Minority Rights and the Prohibition of Discrimination in Turkey", 2007. https://minorityrights.org/wp‑content/uploads/old‑site‑downloads/download‑739‑A‑Quest‑for‑Equality‑Minorities‑in‑Turkey.

② 2001 年宪法修正案在少数族群语言的使用方面有所放宽，但并未明确规定少数群体在公共机构享有使用自己语言的权利。因此，即便是少数群体聚居区的少数群体（如位于该国东部和东南部的库尔德人聚居区），在不掌握官方语言的情况下，公共服务机构也不提供除土耳其语以外的其他语言。尽管有证据表明，少数族群与公共行政机构的沟通能力与他们获取健康、司法、教育和其他公共服务的质量成正比。"不会讲土耳其语"是语言少数族群无法获取医疗卫生服务的主要原因。事实表明，承认少数族群语言在公共服务机构的使用权，对少数群体聚居的农村妇女尤为重要。有一项针对 97 个村庄的 472 名已婚妇女进行的调查，结果显示约 80% 的受访者为文盲。比起男性，少数族群女性学习土耳其语的机会要少得多。

③ 然而，苏尔自治市的此项举措却遭到了检察机关的调查。土耳其内政部以苏尔市政府违反宪法第 42 条第 149 款"禁止使用任何除土耳其语以外的任何语言"的规定为由，于 2007 年 5 月 22 日最终裁决解散了苏尔市议会。

2004 年,《结社法修正案》取消了对结社自由的许多限制,组建协会不再需要事先授权。① 该修正案为少数族群行使自己的权利创造了更多的空间和可能,如可以通过建立协会等方式来发展自己的文化。此后,如罗姆人、切尔克斯人等均建立了属于自己的文化协会。法案同时允许协会在非官方的函件中使用少数族群的语言。但是由于法案规定了禁止利用协会实现宪法所禁止的目的,这些少数族群协会在行使权利方面面临着很大的障碍。

平等权及反歧视方面,2003 年《公共工程法》修正案将"清真寺"一词改为"礼拜场所",该修正案为亚美尼亚人、犹太人、基督教徒等少数群体平等地兴建自己的礼拜场所提供了法律上的保障。随着新法的实施,国家宗教基金管理局(Directorate of Religious Foundations)开始为包括少数族群在内的所有礼拜场所支付电费。在此之前,该局只为清真寺的电费买单。2003 年修改的劳动法明确禁止基于语言、种族、宗教及宗教团体成员身份的歧视。2004 年通过的新刑法将种族主义、种族灭绝和危害人类罪以及就业和获得公共服务中的基于语言、种族、肤色、宗教或宗派的歧视列入打击和惩处范围。为了消除基于特定身份的歧视,土耳其政府还修改法律,允许公民按照自己的意愿决定是否在身份证上表明自己的宗教信仰。此外,教育部还主持修改教科书,试图消除对少数族群的偏见。2005 年内政部下属的州长办公室开始接管原先由省安全局负责的有关非穆斯林少数族群机构的相关事宜。② 如此等等。

少数族群基金会的财产权方面,土耳其大国民议会 2006 年起草、2008 年生效的《基金会法》虽然没有彻底解决非穆斯林基金会的不动产产权问题,但比 1935 年的相关法律进步不少。在基金会的立法方面,2013 年以来,官方没有针对非穆斯林基金会的选举程序发布任何新法规。在缺乏法规的情况下,这些基金会无法为其董事会成员举

---

① Law on Associations, No. 5253, 4 November 2004, Official Gazette, No. 25649, 23 November 2004.

② Sule Toktas, and Aras Bulent, "The EU and Minority Rights in Turkey", *Political Science Quarterly*, Vol. 124, No. 4, 2009.

行选举。

21 世纪以来，阿拉维人的权利不断得到提升。在正发党政府的支持下，阿拉维人不仅开始享有广泛的文化权利，其特有的信仰体系开始也被纳入公立学校必修课的计划。与此同时，宗教事务局也开始讨论是否将阿拉维派列为伊斯兰教的一个分支。① 2008 年后，正发党政府开始兴建阿拉维人的礼拜场所。② 然而，在政治权利尤其是在公共部门担任职务方面，阿拉维人的处境仍然没有多少改善。③

随着族群政策和立法的逐渐放宽，政治和法律层面解决库尔德问题逐渐提上日程。2005 年，时任土耳其总理埃尔多安表示政府意识到"库尔德问题（Kurdish question）"的存在。8 月在迪亚巴克尔的一次演讲中，埃尔多安指出，土耳其人和库尔德人之间的文化、宗教和历史联系将为库尔德问题提供解决方案，他动情地说"太阳温暖着每一个人，雨水是上帝对所有人的恩典，因此我想对那些询问'库尔德问题将怎么办？'的人说，库尔德问题就是我的问题，我们将通过民主解决所有问题"④。

在上述思想的主导下，土耳其官方开始软化立场，承认库尔德问题的存在，并开始在部分地区允许库尔德语的使用，放松对库尔德语出版的管制。2002 年 11 月土耳其政府全面取消东南部省份的紧急状态；2004 年 6 月，库尔德语节目正式获准在土耳其国家电视台播出，两年之后私人电视台及媒体获批播出库尔德语节目。⑤

---

① Sehriban Sahin, "The Rise of Alevism as a Public Religion", *Current Sociology*, Vol. 53, No. 3, 2005.

② 李艳枝：《土耳其的宗教少数派——阿拉维派》，《世界宗教研究》2015 年第 3 期。

③ David Shankland, *The Alavi in Turkey: The Emergence of a Secular Islamic Tradition*, Routledge, 2007, p. 184.

④ M. Hakan Yavuz, *Secularism and Muslim Democracy in Turkey*, Cambridge: Cambridge University Press, 2009, p. 189.

⑤ 库尔德语电视节目的播出时间受到严格限制，电视台播出时间不得超过 4 个小时，电台播出时间不超过 5 个小时。同时严禁播出儿童卡通片和学习库尔德语的节目。

2009 年 1 月，土耳其国营广播电视网络 TRT 的新电视频道 6 台开播 24 小时库尔德语播出的节目；9 月电视和电台使用库尔德语的权限进一步放宽，规定私人电视台和国家电视台一样，拥有可以全天播放库尔德语节目的权限。① 此后土耳其较大城市中的几所大学逐渐开设库尔德语言课程。2011 年，土耳其东南部马尔丁·阿图克卢大学开设库尔德语言文字系。与此同时，官方接纳库尔德人的政党参与，库尔德人背景的人民民主党（HDP）逐步走向土耳其政治前台。这些政策创新反映了执政的政治精英的思维方式发生了改变，表明他们愿意正视过去，并修补长期的军事行动对库尔德群体造成的伤害。②

值得注意的是，族群政策和立法的相对宽松并没有改变土耳其政府对"土耳其特性"的执守。2005 年 6 月生效的《刑法》第 301 条依旧保留了 1926 年刑法典的"公开诋毁土耳其特性"的罪名。第 301 条被用于多起涉及少数族群问题的案件。③ 2008 年 4 月，在内外部压力下，土耳其修改刑法典，将"公开诋毁土耳其特性"、土耳其共和国、土耳其大国民议会或者国家司法机关的徒刑由 6 个月至 3 年以下徒刑改为 6 个月至 2 年。同时规定"公开诋毁军方或警察机构适用同样的刑期"。

总的来说，欧盟助推时期是土耳其共和国历史上族群政策和立法

---

① 唐志超：《中东库尔德问题透视》，社会科学文献出版社 2013 年版，第 90 页。

② Ayhan Kaya，"Multiculturalism and Minorities in Turkey"，in Raymond Taras ed.，*Challenging Multiculturalism*：*European Models of Diversity*，Edinburgh University Press，2013，p. 307.

③ 同年著名作家奥尔罕·帕慕克（Orhan Pamuk）在接受瑞士杂志 *Das Magazin* 的采访时称"在这片土地上，有 3 万库尔德人和 100 万亚美尼亚人被杀，但除了我几乎没人敢提及此事"。随后帕慕克受到"公开诋毁土耳其特性罪"的指控，在国际人权组织尤其是欧盟的压力下，法院以司法部长没有就此指控是否成立做出决定为由拒绝继续受理此案。帕慕克案引起国际社会、欧盟及人权组织的普遍关注，欧盟宣称"此案件是土耳其欧盟成员资格的试金石"；欧洲委员会东扩执委奥利·雷恩（Olli Rehn）得知法院放弃帕慕克案后表示"这对于土耳其的表达自由来说是一个好消息"，但他同时警告"土耳其必须解决其可能限制言论自由的法律上的漏洞"。Court drops Turkish writer's case，BBC. 2006/01/23.

最为宽松和开明的时期。正发党的励精图治和土耳其加入欧盟的巨大诱惑，使得土耳其政府暂时摆脱了数十年的路径依赖，以"和平"与"和解"的姿态应对和处理族际关系。然而，随着亲库尔德人政党人民民主党（HDP)① 的挺进土耳其大国民议会，② 正发党政府的族群政策尤其是库尔德政策便开始发生逆转。③

（五）后欧盟助推时代（2015 年 6 月至今）的族群政策和立法

由于种种因素的合力作用，自 2015 年 6 月之后，土耳其的库尔德族群政策开始向军事打压和严控回归。一方面再次宣布东南

---

① 人民民主党（People's Democracy Party，HDP）成立于 2012 年，取代过去代表库尔德人权益的主要相关政党，该党自我定位为左派政党，宣扬参与性民主、激进民主和平等主义理念，宣称代表女性、少数族群和青年人的权益，人民民主党也是土耳其左翼联合组织"人民民主大会（The Peoples' Democratic Congress)"的一个政治派别，该组织成立于 2011 年 10 月 15 日，其宗旨为"反对资本主义""再造土耳其的政治"，代表在族裔、宗教和性别上受歧视的被压迫和剥削的个体。人民民主党同时也是左翼欧洲社会党（PES）的准成员和社会主义国际（The Socialist International）的协商会员，它的现任主要领导人为萨拉哈丁·德米尔塔什（Mr. Selahattin Demirtas）和菲根·约瑟克达（Mrs. Figen Yuksekdag）。

② 在 2015 年 6 月的大选中，人民民主党最终赢得 13.02% 的选票获得 80 个席位，终于赢得了进入议会的资格，并成为议会的第三大党。此次大选的成功，与人民民主党多元性十足的候选人名单有着密切的联系：除了构成多数的世俗左翼库尔德人以外，这个以库尔德人权益为主要关切的政党还将虔诚的穆斯林、社会主义者、Syriac Christians、阿拉维人、亚美尼亚人、阿塞拜疆人、切尔克斯人、拉兹人等纳入候选人阵营，550 名代表中，女性占了 268 名。为了更好地体现男女平等，人民民主党设立了男女两位党主席。在 2015 年的选举中，人民民主党成功推出土耳其第一个公开的同性恋候选人巴瑞斯·苏卢（Barış Sulu）。据报道，巴瑞斯·苏卢为土耳其的同性恋者（双性恋者及跨性别者）的平等权利奔走十多年，他是土耳其的第一位以公开的同性恋身份竞选议会议员的人士。同性恋行为在土耳其合法，但同性恋者、双性恋者及跨性别者的权利不受法律保护，他们面临普遍的歧视甚至恐吓。"Inclusive HDP candidate list aspires to pass 10 pct election threshold"，*Hurriyet Daily News*，7，April 2015.

③ 本来人民民主党（HDP）成功地进入议会，不仅使得库尔德人的声音有了合法表达的渠道，也为土耳其政府通过政党政治的民主化程序，化解长期困扰土耳其国家和社会的库尔德问题提供了重要平台。然而正是由于人民民主党进入议会这一历史事件，使得长期依赖库尔德人选票的正发党感到前所未有的威胁，同时，人民民主党入驻大国民议会也引起土耳其民族主义和保守、右翼势力的忌惮，他们担心人民民主党的成功将会激发库尔德人的政治热情，使土耳其的民主政治沿着族裔边界分化。这些因素，再加上土耳其因长期入盟无望失去了改善族群政策和立法的决心和动力等原因，终于导致正发党"民主"解决包括库尔德问题在内的民族问题的愿望流产。

部地区进入紧急状态，恢复军事手段，并先后三次跨境打击库工党军事组织；另一方面采取种种政治和法律手段打压亲库尔德人政党。① 与此同时，库尔德语媒体以及报道库尔德人的媒体不断遭到逮捕和审判。2016 年 7 月 15 日之后的紧急状态期间及之后，土耳其政府更是严厉格限制库尔德人领域的人权工作者，许多库尔德团体、媒体及文化机构被关闭。② 不少知识分子、记者、作家、人权倡导者等因发表维护少数群体权利的意见遭到指控。③ 根据2016 年统计数据显示，土耳其的言论自由权利在全世界 180 个国家中排名第 151 位；2017 年该数据下滑至 155 名。④

尽管库尔德语（包括阿拉伯语、扎扎语等）依旧保留在公立学校及大学课程的选修课名单上，但库尔德语言文学受到特别的限制：一些库尔德学者和教师被解雇，其中一些人还受到与恐怖主义有关的调查；库尔德语团体和机构被关闭、库尔德语书籍遭禁。在东南部地区，一些库尔德人的纪念碑、文学遗迹以及双语路标等被拆除，等等。⑤

其他方面，根据欧盟 2019 年发布的"土耳其报告"，在土耳其，提供公共服务的语言除土耳其语以外，其他语言都不具有法律上的合法性；中小学母语教育仍然受到诸多法律限制；非穆斯林少数族群基金会的财产权尤其是不动产权立法仍然得不到保障。反歧视方面，相关立法

---

① 2015 年底，正发党提议恢复死刑；2016 年 6 月时任土耳其总统埃尔多安批准取消议员的豁免权，这意味着包括人民民主党主席萨拉哈丁·德米尔塔什在内的 50 余名人民民主党议员将面临刑事指控。Erdoğan lifts Turkish MPs'immunity in bid to kick out pro – Kurdish parties，https：//www. theguardian. com/world/2016/jun/08/erdogan – lifts – turkish – mps – immunity – in – bid – to – kick – out – pro – kurdish – parties. 2020 年 3 月浏览。

② "Commission Staff Working Document：Turkey 2019 Report"，Brussels，29. 5. 2019 SWD（2019）220 final.

③ 刑法第 301 条的"诋毁土耳其"是重要法律依据之一。

④ Yaman Akdeniz & Kerem Altıparmak，"Turkey：Freedom of Expression in Jeopardy"，https：//www. englishpen. org/wp – content/uploads/2018/03/Turkey_ Freedom_ of_ Expression_ in_ Jeopardy_ ENG. 2020 年 3 月浏览。

⑤ "Commission Staff Working Document：Turkey 2019 Report"，Brussels，29. 5. 2019 SWD（2019）220 final.

在实践中得不到落实，2019 年土耳其反歧视机构（NHREI）仅完成两例反歧视案件的审理工作。2015 年以来，对少数族群如犹太人的仇恨言论问题依旧很严重，其中媒体和官员的仇恨言论尤为引人关注。此外，教科书中仍存在着影响相关宗教少数群体平等权的内容，国家对少数族群学校的补贴大大下降，等等。

完成反歧视的国际义务方面，2016 年 4 月，土耳其签署了《网络犯罪公约附加议定书》（尚未批准），该议定书将通过计算机系统的种族主义和仇外行为定为刑事犯罪的。此外，欧盟委员会还认为，土耳其还应该签署《欧洲人权公约第十二议定书》，该议定书全面禁止歧视并致力于完成"欧洲反对种族主义及不容忍委员会（ECRI）"的各种建议。

罗姆人权利保障方面，在欧盟的支持下，自 2015 年以来，土耳其政府实施了"罗姆人聚居区促进社会融入援助工程（2015—2017年）""罗姆公民国家战略（2016—2021 年）"，以帮助长期遭受歧视和边缘化的罗姆人群体。然而，据欧盟 2019 年的"土耳其报告"，截至目前罗姆人的处境仍然不容乐观。①

总之，2015 年 6 月以来，在内外多种因素的影响下，土耳其族群政策和立法开始转向。从国内来看，由于亲库尔德人政党人民民主党入驻议会，极大地影响了正发党的多数党地位，② 加之正发党 2002 年以来的库尔德政策不断遭到土耳其民族主义政党的诟病。从外部情况来看，2014 年 IS 崛起之后，周边三国的库尔德人不同程度地迎来了"复兴"的历史机遇，这极大增加了土耳其政府对国内库尔德人问题的担心。介于内外部之间的是，土耳其长期努力向欧盟靠拢，为此不

---

① 总体上来看，罗姆人住房普遍条件差，缺乏基本的公共服务，对国家福利依赖程度高，城市改造项目经常导致他们流离失所。教育方面，罗姆儿童在接受优质教育方面困难重重：罗姆社区的学校资源匮乏，受教育机会严重不足；罗姆学生辍学率很高（特别是在初中和高中阶段）。就业方面，罗姆人找到长期正式工作的机会很低，就业率仅为 31%。政治参与方面，2018 年 6 月议会选举，有 2 名罗姆人当选为议员。"Commission Staff Working Document：Turkey 2019 Report"，Brussels，29.5.2019 SWD（2019）220 final.

② 人民民主党 2015 年 13.02% 的选票和 2018 年 11.17% 很大程度上分流的是正发党的选票，这直接导致正发党在这两次议会大选中没有获得过半的选票。

惜花大力气改善形象，改革沿袭了数十年的族群政策和立法，但遥遥无期的入盟梦让土耳其感到心灰意冷，甚至萌发了背对欧盟的"向东看"意念。在这三个向度的力量作用下，土耳其的族群政策和立法开始出现"返祖"现象，程度不同地向 2000 年前的强硬范式回归。

三　土耳其族群政策和立法演变的内在价值逻辑

以上笔者较为详细地论述了土耳其建国以来的族群政策和立法，可以发现，由于独特的历史经历、建国背景，土耳其的族群政策和立法一开始就具有强烈的建构性特征。为了建构一个类似法兰西的均质化民族国家，土耳其的建国者们对"少数族群（民族）"采取几乎一律否认的态度，坚持只承认三个人口数量微不足道的宗教少数群体。随着民主转型的深入，特别是随着加入欧盟目标的临近，土耳其政府开始有条件地承认并保护少数群体（族群）权利。随着后欧盟时代的到来，土耳其的族群政策及立法逐步向强硬式的传统范式回归。纵观土耳其的族群政策和立法，其历史演进逻辑中至少包含了"国家安全""权利平等""尊重人权"和"保存多样文化"四种价值理念，其中"国家安全"是内生的、基础性的、贯彻始终的价值逻辑，而其他三种价值逻辑则是伴生的、阶段性的及策略性的。

国家安全之所以成为主导土耳其族群政策和立法演变的内在价值逻辑，与土耳其民族国家特殊的建国经历密切相关：土耳其共和国脱胎于存续了数百年的奥斯曼帝国。帝国晚期风起云涌的民族主义思潮、运动及暴动，不仅加剧了帝国的分崩离析，而且最终险些导致土耳其民族国家的灰飞烟灭。在《色佛尔条约》签订过程中，协约国列强千方百计利用民族问题肢解奥斯曼土耳其。尽管由于土耳其爱国者或民族主义者的激烈反抗，《色佛尔条约》最终没能成行，但是"色佛尔综合征"却永久性地留在土耳其人的内心。对他们来说，承认少数族群（民族）存在本身即可能意味着国家再次面临分裂。因此，在长达近一个世纪的历史过程中，尽管土耳其由于民主转型和试图加入欧盟等内外原因，其族群政策和立法呈现出阶段性调整的外观，但其强化国家认同、维护国家主权与领土安全的内在价值逻辑始终没有发生变化。土耳其族群政策和立法演变的这种价值取向，在给土耳其国家带来近乎"不可逆转的统一性"的同时，也对其族群关系、社会团结乃至国家安全造成一定损害。①

与绝大多数新兴国家一样，土耳其建国时间较短，处于民族国家建构和民主化的双重进程之中。土耳其族群政策和立法不仅受到西方民族国家观念的深刻影响，也受到本国民主化进程中多种不确定性因素的影响和塑造。在可见的未来，如何在制定族群政策和立法时，有效协调西方的"民族国家"观念与土耳其多族群（民族）的历史传统，在民主化过程中恰当处理各方力量特别是"民意"与国家安全利益的关系，将是摆在土耳其政治精英面前的一项重大任务。在这个问题上，土耳其面临的挑战也是大多数新兴国家所要面对的挑战。从这个意义上来说，研究土耳其族群政策和立法的历史变迁，总结其在应对民族问题上的经验和教训，具有比较普遍的意义。

（执笔人：周少青）

---

① 久拖不决、破坏性很强的库尔德问题便是这方面最好的例证。

后　　记

　　《"一带一路"沿线国家民族问题调查研究》为本人主持的中国社会科学院民族学与人类学研究所创新工程重大项目 A 类课题"中国周边国家与'一带一路'沿线国家民族问题调查研究"（项目编号：2019MZSCX002）的中期成果。本部文稿分为"亚洲国家"和"欧洲国家"两个部分。前者包括有关印度、阿富汗、缅甸和尼泊尔相关问题的四项研究成果，后者包括法国、波兰、塞尔维亚、西班牙和土耳其相关问题的六项成果。

　　上述部分成果有的已在国内学术期刊公开发表，有的成果是执笔人在主持、参与其他项目过程中同期做出的相关思考。同时，根据本部文稿结构和内容设计的需要，我们对有些成果的题目、内容做出了一定改动和调整。具体说明如下：

　　《印度对"一带一路"倡议态度的考察与分析》一文，由本人，以及中国社会科学院民族学与人类学研究所方素梅研究员、吴晓黎副研究员、李晨升助理研究员执笔。原文载于《世界民族》2019 年第 5 期。

　　《阿富汗的族际关系问题与国家重建》一文，由中国社会科学院民族学与人类学研究所刘泓研究员执笔，系谢伏瞻主持中国社科院重大专项课题"中国与周边国家关系研究"的中期成果。

　　《缅甸的罗兴亚人问题探析》一文，由中国社会科学院民族学与人类学研究所张育瑄助理研究员执笔。原文标题为《历史视角下缅甸罗兴亚人问题探析》，系谢伏瞻主持中国社科院重大专项课题"中国与周边国家关系研究"的中期成果。

　　《尼泊尔特莱平原的马德西人自治运动》一文，由中国社会科学院民族学与人类学研究所李晨升助理研究员执笔。原文标题为《尼泊尔特莱平原马德西人自治运动初探》。

《法国的边疆少数民族及其"自我管理"模式》一文，由中国社会科学院民族学与人类学研究所陈玉瑶副研究员执笔。原文载于《贵州民族研究》2020年第11期。

《波兰的宗教认同与国民认同建构》，由中国社会科学院民族学与人类学研究所刘泓研究员执笔。原文标题为《宗教认同与国民认同的历史沿革：以波兰为例》，载于《宗教信仰与文化》2020年12月。

《波兰地方文化与地方认同的重塑》一文，由中国社会科学院民族学与人类学研究所刘泓研究员执笔。

《西班牙加泰罗尼亚分离主义实践》一文，由中国社会科学院民族学与人类学研究所刘泓研究员执笔。原文标题为《加泰罗尼亚分离主义实践分析：基于巴塞罗那城市标识的考察》，载于《世界民族》2020年第6期，略有修改。

《塞尔维亚的科索沃问题》一文，由中国社会科学院民族学与人类学研究所刘泓研究员执笔。

《土耳其族群政策和立法的历史演变及其内在价值逻辑》一文，由中国社会科学院民族学与人类学研究所周少青研究员执笔。原文作者为周少青、和红梅，载于《贵州民族研究》2020年第11期，系国家社科基金重点项目"少数民族权利保护与国家安全问题的国别比较研究"（项目编号：17AMZ006）、国家社科基金重大项目"21世纪民族主义的发展及其对未来世界政治走向的影响研究"（项目编号：19ZDA132）、"中国周边国家与'一带一路'沿线国家民族问题调查研究"的阶段性成果。

由于时间安排、新冠肺炎疫情突发、作者工作经验等条件的限制，文稿难免存在疏漏甚至错误。诚请广大读者不吝赐教。

本部文稿在编辑出版工程中得到中国社会科学出版社、中国社会科学院科研局等单位相关部门和负责同志的大力支持，在此一并致谢！

王延中

（中国社会科学院民族学与人类学研究所所长、研究员）

2021年9月